Apontamentos sobre
A Jurisprudência Comunitária em Matéria de Isenções do IVA

RUI LAIRES

Apontamentos sobre
A Jurisprudência Comunitária
em Matéria de Isenções do IVA

ALMEDINA

APONTAMENTOS SOBRE A JURISPRUDÊNCIA
COMUNITÁRIA EM MATÉRIA DE ISENÇÕES DO IVA

AUTOR
RUI LAIRES

EDITOR
EDIÇÕES ALMEDINA. SA
Rua da Estrela, n.º 6
3000-161 Coimbra
Tel.: 239 851 904
Fax: 239 851 901
www.almedina.net
editora@almedina.net

PRÉ-IMPRESSÃO • IMPRESSÃO • ACABAMENTO
G.C. – GRÁFICA DE COIMBRA, LDA.
Palheira – Assafarge
3001-453 Coimbra
producao@graficadecoimbra.pt

Julho, 2006

DEPÓSITO LEGAL
245004/06

Os dados e opiniões inseridos na presente publicação
são da exclusiva responsabilidade do(s) seu(s) autores.

Toda a reprodução desta obra, por fotocópia ou outro qualquer processo,
sem prévia autorização escrita do Editor,
é ilícita e passível de procedimento judicial contra o infractor.

PREFÁCIO

O Dr. Rui Laires, autor desta importante monografia, é licenciado pelo ISCAL (Curso de Estudos Superiores Especializados em Contabilidade e Administração Fiscal), tendo actualmente a categoria de Inspector Tributário da DGCI. Como formação inicial, possui o bacharelato em Gestão e Ciência Fiscal do IESF e, como formação complementar, a pós-graduação em Legística e Ciência da Legislação da Faculdade de Direito de Lisboa.

Esta formação académica multidisciplinar permite-lhe mover-se com à vontade nas teias de um imposto complexo como o IVA. Após a sua passagem por diversos serviços dos impostos, numa carreira que começou em 1985, o Autor foi colocado entre 1992 e 2000 na Direcção de Serviços de Concepção e Administração (depois Direcção de Serviços do IVA) e, entre 2000 e 2004, no Gabinete de Apoio ao Subdirector-Geral do IVA. Nessa qualidade começou a participar em negociações internacionais, sendo, em particular, delegado em grupos de trabalho da União Europeia (como o Grupo das Questões Fiscais do Conselho Europeu e o Comité do IVA) e da OCDE (Grupo de trabalho n.º 9). Importa ainda referir que, entre 1998 e 2000, o Dr. Rui Laires leccionou a disciplina de Sistema Fiscal português no Curso de Gestão Financeira e Fiscal do IESF.

A sua vasta experiência profissional valeu-lhe a colocação, como colaborador, no Centro de Estudos Fiscais, onde acompanha as questões relativas ao IVA nacional e comunitário.

O Dr. Rui Laires apresenta agora ao público um trabalho de minúcia a que modestamente chama de "apontamentos sobre a jurisprudência comunitária em matéria de isenções do IVA".

Estamos perante um texto de grande utilidade no plano profissional que preenche uma importante lacuna. A jurisprudência comunitária é cada vez mais decisiva na interpretação e aplicação das regras deste imposto e exige um esforço de acompanhamento e de sistematização que não está, por razões diversas, ao alcance de todos. Mas é também um texto útil no plano académico, pois toda a tarefa de reflexão crítica – que o Autor nos diz estar fora dos seus propósitos – implica, antes de tudo, o conhecimento empírico da matéria. Particularmente interessante, nesta óptica, é o exercício de delimitação de orientações e critérios interpretativos da jurisprudência.

Termino com um agradecimento ao Autor por partilhar connosco o seu conhecimento numa matéria tão especializada. Facto raro entre nós, onde o segredo costuma ser a alma do negócio.

É tempo de me calar. E de deixar ao leitor o mergulho num texto com o sabor especial das coisas concretas.

Lisboa, 15 de Junho de 2006

António Carlos dos Santos

SUMÁRIO

Nota do autor 11

Capítulo I – Aspectos gerais

1. Isenções previstas na Sexta Directiva 13
   1.1. Normas que estabelecem as isenções do IVA 13
   1.2. Tipos de isenções em função da forma como operam . 16
   1.3. Isenções que os Estados membros estão autorizados a manter transitoriamente 17
      1.3.1. Isenções completas 17
      1.3.2. Isenções nas condições em que já vigoravam 18
   1.4. Opção pela tributação 20
      1.4.1. Possibilidade de os Estados membros continuarem a tributar certas operações 20
      1.4.2. Possibilidade de os Estados membros autorizarem a opção pela tributação de certas operações 20
   1.5. Efeito directo das normas de isenção 22
2. Orientações e critérios interpretativos definidos pelo TJCE . 24
   2.1. Abordagem geral 24
   2.2. Delimitação da margem de liberdade atribuída aos Estados membros 25
   2.3. Noções autónomas de direito comunitário 27
   2.4. Âmbito objectivo e subjectivo das isenções 29
      2.4.1. Elemento objectivo das isenções 29
         a) Relevância do elemento objectivo 29
         b) Noção de "operações estreitamente conexas" 30
         c) Equiparação a poderes de autoridade 31
      2.4.2. Elemento subjectivo das isenções 32
         a) Relevância do elemento subjectivo 32
         b) Organismos sem finalidade lucrativa 33
         c) Reconhecimento dos organismos 36

2.5. Interpretação "estrita" das normas de isenção 38
  2.5.1. Regra geral 38
  2.5.2. Casos particulares 42
  2.5.3. Disposições transitórias em matéria de isenções 44
2.6. Relevo das diferentes versões linguísticas 45

Capítulo II – Isenções nas operações internas

1. Isenções em benefício de certas actividades de interesse geral   49
  1.1. Serviços públicos postais 49
  1.2. Saúde 50
  1.3. Agrupamentos autónomos de pessoas 62
  1.4. Assistência e segurança sociais 65
  1.5. Educação, ensino e formação profissional 69
  1.6. Organismos de carácter político, sindical, religioso, patriótico, filosófico, filantrópico ou cívico 70
  1.7. Desporto e educação física 72
  1.8. Serviços culturais 75
2. Outras isenções previstas no artigo 13.º da Sexta Directiva.   76
  2.1. Seguros 76
  2.2. Locação de bens imóveis 83
    2.2.1. Locação de imóveis em geral 84
    2.2.2. Operações expressamente excluídas da isenção . 96
      a) Alojamento de tipo hoteleiro ou em parques de campismo 96
      b) Locação de áreas para estacionamento de veículos 98
    2.2.3. Renúncia à isenção na locação de imóveis 100
  2.3. Transmissões de bens cuja aquisição ou fabricação não conferiu o direito à dedução 106
  2.4. Operações financeiras 109
  2.5. Apostas mútuas e jogos de fortuna ou azar 124
  2.6. Transmissão de bens imóveis 126

Capítulo III – Isenções mantidas pelos Estados membros
ao abrigo de disposições transitórias

1. Agências de viagens 129
2. Direitos de autor 131

3. Obras de arte 131
4. Terrenos para construção 132
5. Transporte de passageiros 134

Capítulo IV – Isenções nas operações internacionais

1. Exportações, operações equiparadas e transportes internacionais 137
   1.1. Exportações ilícitas 138
   1.2. Embarcações e aeronaves 139
   1.3. Transportes internacionais de passageiros 141
2. Aquisições intracomunitárias e importações de bens 141
   2.1. Importação de amostras gratuitas 143
   2.2. Aquisição intracomunitária e importação de armamento 144
   2.3. Aquisição intracomunitária de veículos usados 145
   2.4. Prestações de serviços conexas com a importação 147

Capítulo V – Transposição para a legislação interna das isenções previstas na Sexta Directiva

1. Condições previstas no Tratado de Adesão de Portugal 149
2. Tabelas de correspondência entre as isenções definidas na Sexta Directiva e as previstas na legislação interna portuguesa   151
   2.1. Isenções nas operações internas 151
   2.2. Isenções na importação de bens 153
   2.3. Isenções na exportação, operações equiparadas a exportação e transportes internacionais 154
   2.4. Isenções nas operações intracomunitárias 155
   2.5. Isenções especiais relacionadas com o tráfego internacional de mercadorias 156

Lista cronológica dos acórdãos mencionados 157

NOTA DO AUTOR

Estes Apontamentos sobre a jurisprudência comunitária em matéria de isenções do imposto sobre o valor acrescentado (IVA) não são mais do que isso mesmo – uns simples apontamentos. Não visam um tratamento completo ou dogmático das isenções previstas na Directiva 77/388/CEE, do Conselho, de 17 de Maio de 1977 (normalmente identificada por «Sexta Directiva do IVA» ou, simplesmente, «Sexta Directiva»), relativa ao sistema comum do IVA vigente nos Estados membros da União Europeia. Não têm, de igual modo, em mente – e, diga-se, algum espaço fica nesse aspecto por preencher – alargar-se a uma perspectiva crítica sobre o conteúdo das decisões tomadas pelo Tribunal de Justiça das Comunidades Europeias (TJCE).

Não obstante conter uma parte inicial em que se enuncia um conjunto de regras e de princípios susceptíveis de ser aplicado à generalidade das isenções, a maioria das decisões arroladas e anotadas centra-se nas que respeitam às isenções de IVA nas operações internas, a que se reportam o artigo 13.º da Sexta Directiva e nas normas transitórias constantes do seu artigo 28.º. Embora não fiquem de fora as isenções nas operações internacionais, em especial as relacionadas com importações e exportações, a referência à jurisprudência nessa matéria, por também ser substancialmente mais escassa, é menos relevante. No entanto, mesmo em relação às primeiras, não se teve a preocupação de que a recolha fosse absolutamente exaustiva: por uma questão de critério, só estão referenciados os acórdãos proferidos até ao final do ano de 2005, e é possível que não estejam mencionados todos os que até essa data se pronunciaram sobre as normas de isenção do IVA nas operações internas. Muito menos, como é óbvio, estarão retiradas todas as ilações dignas de nota, e esmiuçados todos os detalhes relevantes sobre que cada um deles se pronunciou.

Na génese destes Apontamentos está a circunstância de a minha actividade na Direcção-Geral dos Impostos (DGCI), desde há vários anos, implicar o acompanhamento permanente e, amiúde, a participação nos processos por incumprimento e nas acções prejudiciais suscitadas perante o TJCE. Assim, por força da necessidade e por conveniência própria, fui--me organizando em temas, em notas, em remissões, em súmulas. A dada altura, constatei que todos esses textos e apontamentos dispersos começavam a ter já alguma dimensão, justificando, talvez, o esforço de os complementar e de lhes dar alguma sistematização e critério. É o que tentei fazer, esperando que, para os que por inerência do estudo ou do ofício se vêem na contingência de lidar com esta temática, não podendo o que segue ser de incontroversa qualidade, lhes valha ao menos de alguma utilidade.

CAPÍTULO I

ASPECTOS GERAIS

1. ISENÇÕES PREVISTAS NA SEXTA DIRECTIVA

1.1. Normas que estabelecem as isenções do IVA

As isenções do IVA constantes da Directiva 77/388/CEE, do Conselho, de 17 de Maio de 1977 ("Sexta Directiva") – relativa ao sistema comum do imposto sobre o valor acrescentado (IVA) vigente nos Estados membros da União Europeia –, vêm previstas no respectivo título X, a que correspondem os artigos 13.º a 16.º; no título XVI, contendo disposições transitórias sobre a matéria no seu artigo 28.º; e no título XVI--A, cujo artigo 28.º-C versa sobre isenções em matéria de operações intracomunitárias[1].

Sob a epígrafe *"Isenções no território do país"*, as isenções de IVA nas operações realizadas no interior de cada Estado membro vêm arroladas no artigo 13.º da Sexta Directiva. Este artigo compreende uma parte A), relativa às isenções em benefício de algumas actividades consideradas de interesse geral, como sejam, entre outras, as ligadas à saúde, assistência social, ensino e cultura; e uma parte B), relativa a outras isenções, abrangendo, nomeadamente, as actividades dos sectores segurador, financeiro, imobiliário e as ligadas às apostas mútuas e aos jogos de fortuna ou azar.

---

[1] Em matéria de operações internas, de operações intracomunitárias e de exportações, antes ainda de apurar da eventual subsunção de uma dada operação numa norma de isenção, é mister apurar se a mesma se encontra abrangida pela incidência do imposto, tendo em especial conta as regras de localização das operações tributáveis constantes dos artigos 8.º, 9.º e 28.º-B da Sexta Directiva. Em matéria de importação de bens, semelhante exercício deve ser feito tendo em conta o disposto no artigo 7.º da Sexta Directiva.

Para além das isenções nas operações internas previstas no artigo 13.º da Sexta Directiva, os Estados membros podem, a título transitório e sob certas condições, manter outras isenções, nos casos previstos na alínea a) do n.º 2, na alínea b) do n.º 3 e no n.º 3-A do seu artigo 28.º.
Quanto às operações internacionais, as isenções aplicáveis constam, no caso das importações, do artigo 14.º da Sexta Directiva. Por sua vez, o artigo 15.º versa sobre as operações de exportação para fora da União Europeia, as operações equiparadas a exportação e os transportes internacionais, enquanto no artigo 16.º, com a redacção constante da parte E do artigo 28.º-C, se prevêem algumas isenções especiais, de carácter optativo, relacionadas com o tráfego internacional de mercadorias, nomeadamente de operações ligadas à submissão de mercadorias a regimes aduaneiros suspensivos ou económicos.

Em matéria de isenções do IVA na importação de bens, há ainda a ter em consideração o disposto na parte D do artigo 28.º-C da Sexta Directiva, versando sobre as importações num Estado membro que precedem a sua expedição ou transporte com destino a outro Estado membro, assim como o disposto, por exemplo, nas seguintes directivas comunitárias: Directiva 68/297/CEE, do Conselho, de 19 de Junho de 1968, relativa à importação de combustível contido nos reservatórios dos veículos comerciais; Directiva 69/169/CEE, do Conselho, de 28 de Maio de 1969[2], relativa à importação de bens contidos na bagagem pessoal dos viajantes procedentes de países terceiros; Directiva 78/1035/CEE, do Conselho, de 19 de Dezembro de 1978, relativa à importação de bens objecto de pequenas remessas sem carácter comercial provenientes de países terceiros; e Directiva 83/181/CEE, do Conselho, de 28 de Março de 1983, que determina o âmbito de aplicação da alínea d) do n.º 1 do artigo 14.º da Sexta Directiva[3].

---

[2] Esta directiva versa também sobre a isenção das transmissões de bens que se destinem a ser exportados por pessoas residentes em países terceiros que os transportem na sua bagagem pessoal.

[3] Esta directiva abrange inúmeras situações, de que são meros exemplos a transferência de bens por ocasião da mudança de residência, do casamento, da transferência de actividades ou da aquisição por via sucessória. Abrange, também, certos bens de reduzido valor, produtos agrícolas, substâncias de âmbito científico ou médico, amostras, bens importados por certas instituições ou no quadro das relações internacionais, *etc.*. Os artigos 82.º a 86.º desta directiva estão em ligação directa com a mencionada Directiva 68/297/CEE, em matéria de combustível contido nos reservatórios de veículos.

No caso específico das operações intracomunitárias, o artigo 28.º-C estabelece um conjunto de isenções relacionado com as transacções intracomunitárias de bens e com as prestações de serviços ligadas a essas transacções. Assim, a parte A daquele artigo respeita às isenções aplicáveis às transmissões intracomunitárias de bens; a sua parte B às isenções relativas às aquisições intracomunitárias; a parte C do artigo 28.º-C é relativa à isenção do transporte de bens proveniente ou com destino às ilhas que compõem as Regiões Autónomas dos Açores e da Madeira; e a parte E do mesmo artigo versa sobre operações relativas a bens submetidos a regimes aduaneiros económicos ou suspensivos.

Dado conter uma perspectiva genérica sobre o espírito que norteou a definição das isenções do IVA nas operações internas, atente-se no seguinte trecho constante do n.º 25 das conclusões do advogado-geral Colomer, apresentadas a 22 de Fevereiro de 2005, no processo C-498/03, caso *Kingcrest*, Colect. p. I-?[4]:

> *"Analisando o artigo 13.º, A, n.º 1, pressente-se a intenção de isentar as operações que, pela sua estreita relação com os objectivos próprios de um estado social e democrático de direito, recebem a qualificação de interesse geral e têm raízes nas actividades que o poder público tradicionalmente fomenta e gere de forma directa ou por interposta pessoa (os serviços postais e de radiotelevisão, a saúde, o ensino, a segurança social, a protecção da infância e da juventude, o exercício da liberdade religiosa, a educação física e o desporto ou a promoção da cultura)."*

Como se salienta no acórdão de 21 de Fevereiro de 1989, relativo ao processo 203/87 (Comissão/Itália, Colect. p. 371), as isenções previstas na Sexta Directiva têm um carácter exaustivo. Não se limitam a visar

---

[4] Refere-se à página da Colectânea de Jurisprudência do Tribunal de Justiça das Comunidades Europeias correspondente ao ano em que foi proferido o acórdão (quando se trate das versões em língua francesa ou inglesa, em lugar de "Colect.", indica-se, respectivamente, "Recueil" ou "ECR"). No caso em apreço, a menção "Colect. p. I-?" pretende significar que a publicação em língua portuguesa não se encontra ainda disponível. Podem, no entanto, as conclusões do advogado-geral e o acórdão decisório, datado de 26 de Maio de 2005, assim como todos os outros doravante citados, ser consultados no sítio da *internet* com o endereço *http://www.europa.eu*.

uma cobrança uniforme dos recursos próprios da Comunidade, mas participam também do objectivo geral da Sexta Directiva, que pretende garantir uma matéria colectável uniforme do IVA, com vista à realização a prazo de um mercado comum com uma concorrência sã e de características análogas às de um verdadeiro mercado interno.

1.2. Tipos de isenções em função da forma como operam

As isenções do IVA dizem-se completas (também ditas "operações sujeitas a taxa zero") ou incompletas, consoante viabilizam ou não o direito à dedução ou ao reembolso do IVA suportado nas aquisições de bens ou de serviços necessários à realização das operações isentas. O elenco de operações tributáveis cuja realização é susceptível de conferir o direito à dedução do IVA suportado nas aquisições consta dos artigos 17.º e 28.º-F da Sexta Directiva.

Por via de regra, apenas as isenções aplicáveis às operações internacionais, incluindo as operações intracomunitárias, conferem o direito à dedução ou ao reembolso do IVA suportado. É o que sucede com as operações referenciadas na alínea b) do n.º 3 do artigo 17.º (na redacção constante do n.º 1 do artigo 28.º-F), ou seja, com as operações previstas na alínea i) do n.º 1 do artigo 14.º, no artigo 15.º, nas partes B, C, D e E do n.º 1 e no n.º 2 do artigo 16.º (na redacção dada pela parte E do artigo 28.º-C), bem como nas partes A e C do artigo 28.º-C.

As isenções nas operações internas, nomeadamente as previstas no artigo 13.º da Sexta Directiva, não possibilitam a dedução ou a obtenção do reembolso do imposto suportado nas aquisições. Excepcionam-se desta regra, porém, as situações previstas na alínea c) do n.º 3 do artigo 17.º, relativamente às operações de seguro e resseguro e às operações financeiras, a que se referem a alínea a) e os pontos 1 a 5 da alínea d), ambas da parte B) do artigo 13.º, quando o destinatário se encontre estabelecido fora da União Europeia ou quando as referidas operações estejam directamente relacionadas com bens que se destinem a ser exportados para fora da União Europeia.

No seu acórdão de 6 de Abril de 1995, referente ao processo C-4//94 (caso *BLP Group*, Colect. p. I-983), o TJCE considerou que a dedução do IVA prevista nos n.ºˢ 2 e 3 do artigo 17.º da Sexta Directiva só opera quando os bens e serviços adquiridos apresentam uma relação directa e imediata com as operações tributadas, e que, para esse efeito, é indiferente o objectivo final do sujeito passivo que suporta o imposto. Em causa no processo estava o IVA suportado em serviços de consultoria jurídica e económica a que a *BLP* recorrera com vista à alienação de uma parte das acções constitutivas do capital de uma das empresas do grupo. A venda das acções visava a obtenção de fundos para cobrir prejuízos e assegurar a continuidade das actividades prosseguidas pelas empresas do grupo *BLP*, ligadas à indústria do mobiliário e da decoração. O Tribunal decidiu que quando um sujeito passivo presta serviços a outro sujeito passivo, que os utiliza para efectuar uma operação isenta, este último não tem direito a deduzir o IVA pago a montante, mesmo que o objectivo final da operação isenta seja efectuar operações sujeitas a tributação.

1.3. Isenções que os Estados membros estão autorizados a manter transitoriamente

1.3.1. *Isenções completas*

Decorre da alínea a) do n.º 2 do artigo 28.º que um Estado membro não pode estender a aplicação da taxa zero a situações a que não aplicava tal taxa à data de 1 de Janeiro de 1991. Pode, porém, manter isenções de que já dispusesse antes dessa data. Só assim não é quando um Estado membro, já anteriormente a 1 de Janeiro de 1991, não pudesse ter estabelecido excepções ao âmbito de aplicação da taxa zero. Esse eventual impedimento deve ser avaliado, quer face à anterior redacção do n.º 2 do artigo 28.º da Sexta Directiva, que permitia também a manutenção das isenções completas existentes anteriormente, quer face aos critérios que vinham apontados, inicialmente, no segundo travessão do segundo parágrafo do artigo 17.º da Directiva 67/228/CEE, do Conselho, de 11 de Abril de 1967 ("Segunda Directiva").

Em relação ao critério das razões de interesse social subjacente à aplicação de uma taxa zero, conforme previsto na citada disposição da Segunda Directiva, o TJCE pronunciou-se no sentido de que "*a determinação das razões de interesse social depende, em princípio, das escolhas políticas dos Estados-membros, e só pode ser objecto de uma fiscalização comunitária na medida em que, por desvirtuação dessa noção, venha a resultar em medidas que se situem, pelos seus efeitos e pelos seus verdadeiros objectivos, fora desse contexto*" (*cf.* os acórdãos de 21 de Junho de 1988, processos 415/85 e 416/85, respectivamente, Comissão//Irlanda, Colect. p. 3097, n.º 15, e Comissão/Reino Unido, Colect. p. 3127, n.º 14).

1.3.2. Isenções nas condições em que já vigoraram

Nos termos da alínea b) do n.º 3 do artigo 28.º da Sexta Directiva, os Estados membros podem, durante um período transitório, inicialmente fixado em cinco anos, mas que perdurará enquanto o Conselho Europeu não proceder à revisão da actual situação, continuar a isentar as operações que vêm enumeradas no Anexo F da Sexta Directiva, nas condições previstas internamente à data da entrada em vigor da Sexta Directiva.

São as seguintes as operações enumeradas no Anexo F:

– Entradas em manifestações desportivas;
– Prestações de serviços efectuadas por autores, artistas e intérpretes de obras de arte, advogados e outros membros de profissões liberais, com excepção das profissões médicas e paramédicas e das que vinham referidas no Anexo B da Directiva 67/228/CEE, do Conselho, de 11 de Abril de 1967 ("Segunda Directiva")[5];
– Prestações de serviços de telecomunicações e transmissões de bens que lhes sejam acessórias, efectuadas pelos serviços públicos postais;
– Prestações de serviços efectuadas pelas empresas funerárias e de cremação, bem como transmissões de bens que lhes sejam acessórias;
– Operações efectuadas por invisuais ou por oficinas de invisuais, na condição de a isenção não provocar distorções de concorrência;
– Transmissões de bens efectuadas aos organismos incumbidos da construção, arranjo e manutenção de cemitérios, sepulturas e monumentos comemorativos das vítimas da guerra;

---

[5] As prestações de serviços referidas no Anexo B da Segunda Directiva eram aquelas que a mesma, nos termos do n.º 2 do seu artigo 6.º, já na sua vigência, obrigava os Estados membros a tributar. Em traços gerais, as seguintes: cessões de patentes, marcas comerciais ou industriais e outros direitos análogos; trabalhos sobre bens móveis, com excepção das empreitadas; preparação ou coordenação de trabalhos sobre bens imóveis; publicidade; transporte e armazenagem de bens, assim como os serviços acessórios; locação de bens móveis corpóreos e colocação de pessoal à disposição, quando o destinatário fosse sujeito passivo do imposto; serviços de consultores, engenheiros e outros serviços nos domínios técnico, económico ou científico; serviços de despachantes, mediadores e agentes relativamente às actividades previstas nesta lista, assim como o compromisso de não exercer qualquer actividade nela prevista.

- Operações efectuadas pelos estabelecimentos hospitalares não abrangidos pela alínea b) do n.º 1 da parte A) do artigo 13.º da Sexta Directiva;
- Fornecimentos de água por organismos de direito público;
- Transmissões de edifícios e de terrenos referidos no n.º 3 do artigo 4.º da Sexta Directiva;
- Transporte de passageiros, abrangendo também a isenção as prestações de serviços e o transporte de bens, tais como bagagens e veículos automóveis, quando ligados a um transporte de passageiros isento;
- Transmissão, transformação, reparação, manutenção, fretamento e locação de aeronaves utilizadas por instituições do Estado, bem como dos objectos incorporados nessas aeronaves ou utilizados na sua exploração;
- Transmissão, transformação, reparação, manutenção, fretamento e locação de barcos de guerra;
- Prestações de serviços das agências de viagens referidas no artigo 26.º da Sexta Directiva, bem como das agências de viagens que actuem em nome e por conta do viajante, relativamente às viagens efectuadas no interior da União Europeia.

Conforme o afirmado no acórdão de 16 de Setembro de 1999, correspondente ao processo C-414/97 (Comissão/Espanha, Colect. p. I--5585, n.º 30), *"resulta de uma jurisprudência constante que o artigo 28.º, n.º 3, alínea b), da Sexta Directiva se opõe, textualmente, à introdução de novas isenções (v. acórdãos de 8 de Julho de 1986, Kerrut, 73/85, Colect., p. 2219, n.º 17, e de 27 de Outubro de 1992, Comissão/Alemanha, C-74/91, Colect., p. I-5437, n.º 15)"*.

Por seu turno, sobre a possibilidade de um Estado membro reduzir o âmbito de uma isenção mantida ao abrigo da norma transitória contida na alínea b) do n.º 3 do artigo 28.º, no seu acórdão de 29 de Abril de 1999, proferido no processo C-136/97 (caso *Norbury*, Colect. p. I-2491, n.º 20), o Tribunal invocou que seria contrária ao princípio da aproximação progressiva das legislações uma eventual solução que impedisse um Estado membro de extinguir, embora apenas em parte, uma isenção prevista na sua legislação anteriormente a 1 de Janeiro de 1991[6].

---

[6] Ver apontamento sobre este acórdão *infra*, no n.º 4 do capítulo III.

1.4. Opção pela tributação

1.4.1. *Possibilidade de os Estados membros continuarem a tributar certas operações*

Nos termos da alínea a) do n.º 3 do artigo 28.º da Sexta Directiva, os Estados membros, durante um período transitório, podem continuar a aplicar o IVA a algumas operações previstas nos artigos 13.º e 15.º, cujo elenco, constante do Anexo E da Sexta Directiva, é o seguinte:

- Prestações de serviços efectuadas no âmbito da sua actividade pelos mecânicos dentistas, bem como o fornecimento de próteses dentárias efectuado pelos dentistas e mecânicos dentistas, a que se refere a alínea e) do n.º 1 da parte A) do artigo 13.º;
- Actividades dos organismos públicos de radiotelevisão que não tenham carácter comercial, previstas na alínea q) do n.º 1 da parte A) do mesmo artigo;
- Transmissões de edifícios ou de partes de edifícios, incluindo o terreno em que as edificações estejam implantadas, cuja isenção se encontra prevista na alínea g) da parte B) do artigo 13.º, quando efectuadas a sujeitos passivos que tenham direito à dedução do IVA pago a montante;
- Prestações de serviços das agências de viagens nas condições referidas no artigo 26.º, bem como as das agências de viagens que ajam em nome e por conta do viajante, quanto às viagens efectuadas fora da União Europeia.

1.4.2. *Possibilidade de os Estados membros autorizarem a opção pela tributação de certas operações*

A parte C) do artigo 13.º da Sexta Directiva confere a possibilidade de os Estados membros, relativamente a certas operações, concederem aos sujeitos passivos a opção pela aplicação do IVA, de modo a liquidarem o imposto aos destinatários e, em contrapartida, poderem exercer a dedução do IVA suportado nas aquisições de bens e de serviços que se destinem à sua actividade. Conforme se refere no segundo parágrafo dessa parte C), incumbe aos Estados membros a fixação das regras para o exercício da opção pela tributação, podendo restringir o âmbito do direito de os sujeitos passivos exercerem essa opção.

É o seguinte o elenco de operações isentas a que os Estados membros, de harmonia com a mencionada disposição, podem conferir aos sujeitos passivos a possibilidade de opção pela tributação:

- Locação de bens imóveis, a que se reporta a alínea b) da parte B) do artigo 13.º;
- Operações bancárias e financeiras, previstas na alínea d) da parte B) do artigo 13.º;
- Outras operações relativas a bens imóveis, referidas nas alíneas g) e h) da parte B) do mesmo artigo.

Para além destas situações, de harmonia com o disposto na alínea c) do n.º 3 do artigo 28.º, os Estados membros têm também a faculdade de autorizar os sujeitos passivos a optar pela tributação relativamente a um conjunto de operações, durante um período transitório inicialmente fixado em cinco anos, mas que se prolongará até que o Conselho Europeu proceda à revisão da situação. Tal faculdade é conferida em relação às operações arroladas no Anexo G da Sexta Directiva, com referência às operações e nas circunstâncias a seguir indicadas:

- Quando os Estados membros à data da entrada em vigor da Sexta Directiva aplicassem já uma isenção com direito de opção pela tributação, se se tratarem de operações constantes do Anexo E da Sexta Directiva[7];
- Quando os Estados membros mantenham, a título transitório, as isenções mencionadas no Anexo F da Sexta Directiva, poderão, relativamente às correspondentes operações, conferir aos sujeitos passivos a faculdade de optarem pela tributação[8].

Do acórdão de 3 de Dezembro de 1998, proferido no processo C--381/97 (caso *Belgocodex*, Colect. p. I-8153, n.ºs 16 e 17), consta o seguinte: *"Tal como o Tribunal já decidiu, os Estados-Membros podem, no exercício desta faculdade, conceder aos beneficiários das isenções previstas pela Sexta Directiva a possibilidade de renunciarem à isenção, ou em todos os casos, ou dentro de certos limites, ou ainda sob certas condições (acórdão de 19 de Janeiro de 1982, Becker, 8/81, p. 53, n.º 38).*

---

[7] Sobre o Anexo E, ver o n.º 1.4.1. *supra.*
[8] Sobre o Anexo F, ver o n.º 1.3.2. *supra.*

*[...] Daí resulta, como sublinha também a Comissão, que os Estados-
-Membros gozam de um amplo poder de apreciação no âmbito das disposições do artigo 13.º, B e C. Com efeito, cabe-lhes apreciar se é conveniente instaurar ou não o direito de opção, consoante o que considerarem oportuno em função do contexto existente no seu país num determinado momento. A liberdade de instituir ou não o direito de opção não é restringida no tempo nem pelo facto de uma decisão contrária ter sido tomada num período anterior. Os Estados-Membros podem, por isso, também, no âmbito das suas competências nacionais, revogar o direito de opção depois de o terem instituído e retomar a regra de base, que é a exoneração do imposto para as operações de locação de bens imóveis." E mais adiante, no n.º 21 do acórdão, esclarece-se: "É certo que [... no acórdão de 17 de Outubro de 1991, processo C-35/90, Comissão/Espanha, Colect., p. I-5073] o Tribunal de Justiça decidiu que, se um Estado-Membro suprimir uma isenção referida pelo artigo 28.º da Sexta Directiva, não pode posteriormente reintroduzir essa exoneração. Todavia, este acórdão respeita a uma disposição da Sexta Directiva que não é comparável com a do artigo 13.º, C"*[9].

1.5. Efeito directo das normas de isenção

Em situações em que um Estado membro não tenha transposto para a legislação interna uma isenção prevista na Sexta Directiva, ou em que o não tenha feito completa ou adequadamente, o TJCE pronunciou-se no sentido de que os sujeitos passivos podem invocar o efeito directo da norma comunitária[10].

---

[9] O ponto de vista aqui exposto sobre a margem de liberdade dos Estados membros, em matéria da opção pela isenção ou pela tributação das operações abrangidas pela parte C) do artigo 13.º, consta também, por exemplo, dos acórdãos de 3 de Fevereiro de 2000 (processo C-12/98, caso *Amengual*, Colect. p. I-527, n.º 13); de 8 de Junho de 2000 (processo C-396/98, caso *Schoßstraße*, Colect. p. I-4279, n.º 34); de 4 de Outubro de 2001 (processo C-326/99, caso *Goed Wonen*, Colect. p. I-6831, n.º 45); e de 9 de Setembro de 2004 (processo C-269/03, caso *Kirchberg*, Colect. p. I-8067, n.º 21).

[10] A matéria é abordada, entre outros, nos seguintes acórdãos: de 19 de Janeiro de 1982 (processo 8/81, caso *Becker*, Recueil p. 53, n.º 25); de 10 de Junho de 1982 (processo 255/81, caso *Grendel*, Recueil p. 2301); de 22 de Fevereiro de 1984 (processo 70/83, caso *Kloppenburg*, Recueil, p. 1075); de 18 de Janeiro de 2001 (processo C-150//99, caso *Lindöpark*, Colect. p. I-493); de 10 de Setembro de 2002 (processo C-141/00,

No acórdão de 10 de Setembro de 2002, relativo ao processo C-141/
/00 (caso *Kügler*, Colect. p. I-6833), por exemplo, o TJCE afirmou no
n.º 51 que *"em todos os casos em que disposições de uma directiva
mostrem ser, do ponto de vista do seu conteúdo, incondicionais e suficientemente precisas, estas disposições podem ser invocadas, na falta de
medidas de aplicação adoptadas no prazo, contra toda e qualquer
disposição nacional que não esteja em conformidade com a directiva, ou
ainda na medida em que sejam susceptíveis de definir direitos que os
particulares estejam em condições de invocar contra o Estado"*. E logo
de seguida, no n.º 52 do texto do acórdão: *"[...] embora o artigo 13.º, A,
n.º 1, da Sexta Directiva, determine que os Estados-Membros apliquem
as isenções nele previstas 'nas condições por eles fixadas com o fim de
assegurar a aplicação correcta e simples [das referidas] isenções [...] e
de evitar qualquer possível fraude, evasão e abuso', um Estado-Membro
não pode opor a um contribuinte que esteja em medida de provar que a
sua situação fiscal se insere efectivamente numa das categorias de isenção
enunciadas pela Sexta Directiva o facto de não ter adoptado as disposições
destinadas, precisamente, a facilitar a aplicação desta mesma isenção
(v. quanto ao artigo 13.º, B, da Sexta Directiva, acórdão Becker, já referido,
n.º 33)."*

Por sua vez, no acórdão de 18 de Janeiro de 2001, proferido no
processo C-150/99 (caso *Lindöpark*, Colect. p. I-493), o TJCE afirmou no
n.º 31 do texto da decisão que *"apesar da margem de manobra
relativamente importante dos Estados-membros para a execução de determinadas disposições da Sexta Directiva, os particulares podem invocar
utilmente perante o tribunal nacional as disposições da directiva que
forem suficientemente claras, precisas e incondicionais (v. acórdãos de
20 de Outubro de 1993, Balocchi, C-10/92, Colect., p. I-5105, n.º 34, e
de 6 de Julho de 1995, BP Soupergaz, C-62/93; Colect., p. I-1883,
n.º 34)"*.

Recentemente, no seu acórdão de 17 de Fevereiro de 2005, correspondente aos processos C-453/02 e C-462/02 (casos *Linneweber* e *Akritidis*,
Colect. p. I-?), mesmo relativamente a uma regra como a constante da
alínea f) do n.º 1 da parte A) do artigo 13.º da Sexta Directiva, que
permite que os Estados membros apliquem a isenção relativas às apostas,

---

caso *Kügler*, Colect. p. I-6833, n.º 51); de 6 de Novembro de 2003 (processo C-45/01,
caso *Dornier-Stiftung*, Colect. p. I-12911, n.º 78); e de 17 de Fevereiro de 2005 (processos
C-453/02 e C-462/02, casos *Linneweber* e *Akritidis*, Colect. p. I-?).

lotarias e jogos de azar "*sem prejuízo das condições e dos limites estabelecidos pelos Estados-membros*", o TJCE considerou, nos n.ºs 34 e 35, que a existência de uma margem de apreciação não pode ser oposta por um Estado membro, que não tenha procedido à sua correcta transposição, àqueles que estiverem em condições de demonstrar que a sua situação corresponde efectivamente a uma das categorias de isenção enunciadas na Sexta Directiva. Assim, quando um sujeito passivo exerce uma actividade relacionada com a exploração de jogos de azar, a mesma está, em princípio, isenta do IVA, pelo que quem explora essa actividade pode invocar directamente a referida isenção.

2. ORIENTAÇÕES E CRITÉRIOS INTERPRETATIVOS DEFINIDOS PELO TJCE

2.1. Abordagem geral

No que concerne à delineação de orientações e de critérios interpretativos de âmbito geral, por parte da jurisprudência do TJCE, contribuindo para a definição do conteúdo das normas de isenção constantes da Sexta Directiva, salientam-se os seguintes:

a) A referência nos proémios do n.º 1 da parte A) e da parte B) do artigo 13.º, de que a aplicação das isenções se efectiva nas condições fixadas pelos Estados membros, não se reconduz a uma faculdade de estes definirem o próprio conteúdo das isenções;

b) Os conceitos a que as normas de isenção se reportam constituem noções autónomas de direito comunitário, que devem ser interpretadas tendo em conta o contexto geral do sistema comum do IVA criado pela Sexta Directiva, não devendo os Estados membros apreciar o seu conteúdo com base em conceitos congéneres que vigorem nas próprias legislações internas;

c) Salvo nos casos em que as normas de isenção estabelecem qualquer condição de ordem subjectiva, a sua aplicação é independente da natureza das entidades que exerçam as actividades nelas objectivamente descritas ou da circunstância de tais entidades se encontrarem ou não devidamente autorizadas para a sua prossecução;

d) Dado constituírem derrogações ao princípio de tributação geral do consumo visado pelo IVA, as normas de isenção deverão ser objecto de uma interpretação *"estrita"*;

e) Em caso de divergência entre as versões linguísticas de uma disposição de isenção, a mesma deve ser interpretada tendo em conta a economia geral e a finalidade da Sexta Directiva.

Seguidamente, desenvolve-se cada um destes aspectos, assinalando--se, nomeadamente, as suas particularidades, assim como as suas excepções.

2.2. Delimitação da margem de liberdade atribuída aos Estados membros

A epígrafe da parte A) do artigo 13.º da Sexta Directiva é intitulada de *"Isenções em benefício de certas actividades de interesse geral"*. É, porém, jurisprudência assente e continuada do TJCE que, apesar da referência a actividades de interesse geral, a mesma disposição não visa isentar do IVA todas as actividades susceptíveis de ser consideradas de interesse geral, mas apenas aquelas que se encontram enumeradas e descritas de forma detalhada nas disposições que integram essa parte A)[11]. Esta perspectiva, aliás, entronca na que vem expressa no acórdão de 21 de Fevereiro de 1989, proferido no processo 203/87 (Comissão/Itália, Colect. p. 371), nos termos da qual as isenções previstas na Sexta Directiva têm um carácter exaustivo, inserindo-se no seu objectivo geral de assegurar uma base tributável uniforme do IVA, que permita a implementação de um mercado comum, dotado de uma concorrência sã e de características análogas às de um verdadeiro mercado interno.

Por outro lado, face ao teor dos proémios das partes A) e B) do artigo 13.º, poderia também parecer, à primeira vista, que os mesmos se

---

[11] *Cf.*, entre muitos, os acórdãos de 12 de Novembro de 1998 (processo C-149/97, caso *Institute of Motor Industry*, Colect. p. I-7053, n.º 18); de 14 de Setembro de 2000 (processo C-384/98, caso *D.*, Colect. p. I-6795, n.º 20); de 20 de Novembro de 2003 (processo C-8/01, caso *Taksatorringen*, Colect. p. I-13711, n.º 60); de 20 de Novembro de 2003 (processo C-307/01, caso *d'Ambrumenil*, Colect. p. I-13989, n.º 54); e de 1 de Dezembro de 2005 (processos C-394/04 e C-395/04, casos *Athinon-Ygeia*, Colect. p. I--?, n.º 16).

destinariam a conferir aos Estados membros um elevado grau de autonomia em matéria de definição das isenções. O mesmo se diga dos proémios do n.º 1 do seu artigo 14.º, do artigo 15.º e das partes A e B do artigo 28.º- -C. No entanto, já no acórdão de 19 de Janeiro de 1982, relativo ao processo 8/81 (caso *Becker*, Recueil p. 53, n.ᵒˢ 32 a 35), o TJCE referia que a possibilidade a que aqueles proémios se reportam é a de os Estados membros preverem disposições que facilitem a aplicação das isenções e que assegurem o seu correcto funcionamento, evitando a evasão ou a fraude. A possibilidade conferida nas mencionadas disposições não é extensível, no entanto, ao aumento ou à diminuição pelos Estados membros das categorias de isenções que se encontram previstas, assim como à definição do âmbito ou do conteúdo de cada uma delas. Esta particularidade tem sido sistematicamente salientada pelo TJCE a propósito da possibilidade conferida aos Estados membros nas citadas disposições[12].

A título meramente exemplificativo, cite-se, a propósito do proémio do n.º 1 da parte A) do artigo 13.º, o acórdão de 7 de Maio de 1998, proferido no processo C-124/96 (Comissão/Espanha, Colect. p. 2501, n.º 11), em que se refere que *"as condições que podem ser fixadas nos termos do artigo 13.º, parte A, n.º 1, da Sexta Directiva não se referem de forma nenhuma à definição do conteúdo das exonerações previstas nessa disposição"*.

E a propósito do proémio da parte B) do artigo 13.º, é referido, por exemplo, no acórdão de 13 de Julho de 1989, proferido no processo 173/ /88 (caso *Henriksen*, Colect. p. 2763, n.º 20), que *"embora, conforme os termos do texto introdutório do artigo 13.º, parte B, da sexta directiva, os Estados-membros fixem as condições das isenções a fim de assegurar a sua aplicação correcta e simples e de evitar qualquer possível fraude, evasão e abuso, essas 'condições' não podem incidir sobre a definição do conteúdo das isenções previstas"*.

A possibilidade dada aos Estados nas citadas disposições só pode reportar-se, assim, se bem se entende a acepção do TJCE, ao modo de reconhecimento do direito à isenção e às formas de comprovação do direito à mesma.

---

[12] *Cf.*, por exemplo, os seguintes acórdãos: de 13 de Julho de 1989 (processo 173/ /88, caso *Henriksen*, Colect. p. 2763, n.º 20); de 28 de Março de 1996 (processo C-468/ /93, caso *Gemeente Emmen*, Colect. p. I-1721, n.º 19); de 7 de Maio de 1998 (processo C-124/96, Comissão/Espanha, Colect. p. I-2501, n.ᵒˢ 11 e 12), de 11 de Janeiro de 2001 (processo C-76/99, Comissão/França, Colect. p. I-249, n.º 26); e de 20 de Junho de 2002 (processo C-287/00, Comissão/Alemanha, Colect. p. I-5811, n.º 50).

2.3. Noções autónomas de direito comunitário

Referência constante nas decisões do TJCE em matéria de isenções do IVA é a de que os conceitos a que as normas de isenção se reportam constituem noções próprias de direito comunitário, não devendo os Estados membros apreciar o seu conteúdo com base em conceitos congéneres que eventualmente vigorem nas próprias legislações internas[13], salvo quando a redacção das mesmas remeta expressamente para a definição constante das respectivas legislações.

Assim, por exemplo, no acórdão de 8 de Maio de 2003, proferido no processo C-269/00 (caso *Seeling*, Colect. p. I-4101, n.º 46), afirma-se que "*as isenções visadas pelo artigo 13.º da Sexta Directiva constituem noções autónomas de direito comunitário que têm como objectivo evitar divergências na aplicação do regime do IVA de um Estado-Membro para outro (v., nomeadamente, acórdãos de 25 de Fevereiro de 1999, CPP, C-349/96, Colect. p. I-973, n.º 15, e Comissão/Alemanha [... de 20 de Junho de 2002, C-287/00, Colect., p. I-5811], n.º 44)*".

No acórdão de 12 de Junho de 2003, exarado no processo C-275/01 (caso *Sinclair Collis*, Colect. p. I-5965, n.º 22), diz-se que "*as isenções previstas no artigo 13.º da Sexta Directiva constituem conceitos autónomos de direito comunitário, devendo, portanto, ser objecto de uma definição comunitária (v. acórdãos de 12 de Setembro de 2000, Comissão/Irlanda, C-358/97, Colect., p. I-6301, n.º 51, e de 16 de Janeiro de 2003, Maierhofer, C-315/00, ainda não publicado na Colectânea, n.º 25)*[14]".

---

[13] A título exemplificativo, citem-se os seguintes acórdãos: de 26 de Março de 1987 (processo 235/85, Comissão/Países Baixos, Colect. p. 1471, n.º 18); de 15 de Junho de 1989 (processo 348/87, caso *SUFA*, Colect. p. 1737, n.º 11); de 11 de Agosto de 1995 (processo C-453/93, *Bulthuis-Griffioen* Colect. p. I-2341, n.º 18); de 5 de Junho de 1997 (processo C-2/95, caso *SDC*, Colect. p. I-3017, n.º 21); de 25 de Fevereiro de 1999 (processo C-349/96, caso *CPP*, Colect. p. I-973, n.º 15); de 12 de Setembro de 2000 (processo C-358/97, Comissão/Irlanda, Colect. p. I-6301, n.º 51); de 11 de Janeiro de 2001 (processo C-76/99, Comissão/França, Colect. p. I-249, n.º 21); de 8 de Março de 2001 (processo C-240/99, caso *Skandia*, Colect. p. I-1951, n.º 23); de 20 de Junho de 2002 (processo C-287/00, Comissão/Alemanha, Colect. p. I-5811, n.º 43); de 10 de Setembro de 2002 (processo C-141/00, caso *Kügler*, Colect. p. I-6833, n.º 25); de 8 de Maio de 2003 (processo C-269/00, caso *Seeling*, Colect. p. I-4101, n.º 46); de 12 de Junho de 2003 (processo C-275/01, caso *Sinclair Collis*, Colect. p. I-5965, n.º 22); de 18 de Novembro de 2004 (processo C-284/03, caso *Temco Europe*, Colect. p. I-11237, n.º 16); e de 3 de Março de 2005 (processo C-472/03, caso *ACMC*, Colect. p. I-?, n.º 25).

[14] Este acórdão de 16 de Janeiro de 2003 (caso *Maierhofer*) vem publicado na p. I-563 da Colectânea de 2003.

Por seu turno, no acórdão de 11 de Agosto de 1995, proferido no processo C-453/93 (caso *Bulthuis-Griffioen*, Colect. p. I-2341, n.º 18), relembrado que as isenções previstas no artigo 13.º constituem conceitos autónomos de direito comunitário, o TJCE afirmou que "*tal deve ser igualmente o caso das condições específicas que são exigidas para beneficiar destas isenções e, em particular, das que se referem à qualidade ou à identidade do operador económico que efectua prestações abrangidas pela isenção*".

No acórdão de 16 de Setembro de 2004, proferido no processo C--382/02 (caso *Cimber Air*, Colect. p. I-8379, n.ºs 23 e 24), o TJCE, após ter assinalado que "*as isenções constituem conceitos autónomos do direito comunitário que devem ser colocados no contexto geral do sistema comum do IVA instaurado pela Sexta Directiva*", logo elucidou que "*esse sistema assenta em dois princípios: Por um lado o IVA é cobrado sobre cada prestação de serviços e cada entrega de bens efectuada a título oneroso por um sujeito passivo. E, por outro lado, o princípio da neutralidade fiscal opõe-se a que os operadores económicos que efectuam as mesmas operações sejam tratados de forma diferente em matéria de cobrança do IVA.*"

No entanto, no acórdão de 28 de Março de 1996, referente ao processo C-468/93 (caso *Gemeente Emmen*, Colect. p. I-1721, n.º 25), após ter expressado que as isenções previstas no artigo 13.º da Sexta Directiva constituem conceitos autónomos de direito comunitário, e consequentemente que os Estados membros não podem alterar o seu conteúdo, em especial quando fixam as respectivas condições de aplicação, o TJCE entendeu que "*tal não pode ser esse o caso quando o Conselho confia precisamente a esses Estados a definição de determinados termos de uma isenção [...]*". Este trecho da decisão vem na sequência do que era dito no seu n.º 22, a saber: "*[...] há que lembrar que o Tribunal de Justiça já declarou que, quando o legislador comunitário, num regulamento, remete implicitamente para os usos nacionais, não compete ao Tribunal de Justiça dar às expressões empregues uma definição comunitária uniforme (v., neste sentido, acórdão de 18 de Janeiro de 1984, Ekro, 327/82, Recueil, p. 107, n.º 14).*"

Esta relativa margem de autonomia reconhecida aos Estados membros já foi objecto de limitação, como a que consta do acórdão de 4 de Outubro de 2001, proferido no processo C-326/99 (caso *Goed Wonen*, Colect. p. I-6831, n.º 47), a respeito do conceito de locação de bens imóveis para efeitos da isenção do IVA. Nele se refere, a dado passo, que "*mesmo que o artigo 13.º, B, da referida directiva remeta para as condições de isenção fixadas pelos Estados-Membros, as isenções previstas por esta disposição devem corresponder a noções autónomas de direito comunitário a fim de permitir determinar a matéria colectável do IVA de um modo uniforme e segundo as regras comunitárias"*[15].

2.4. Âmbito objectivo e subjectivo das isenções

2.4.1. Elemento objectivo das isenções

a) Relevância do elemento objectivo

Conforme várias vezes afirmado pelo TJCE, salvo nos casos em que as normas de isenção estabeleçam expressamente qualquer condição de ordem subjectiva, a sua aplicação é independente da natureza das entidades que exerçam as actividades nelas objectivamente descritas ou do facto de tais entidades se encontrarem ou não devidamente autorizadas para a sua prossecução.

A acepção do TJCE, de que algumas normas de isenção são aplicáveis independentemente da natureza jurídica da entidade transmitente dos bens ou prestadora dos serviços, tem-se baseado, quer no elemento literal daquelas, quer como decorrência do princípio da neutralidade, ao obstar a que operadores económicos que efectuando o mesmo tipo de operações sejam objecto de um tratamento diferente no domínio do IVA[16].

Salvaguardam-se deste entendimento, no entanto, as situações em que a própria redacção da norma exige, para que a isenção se concretize, a verificação de um elemento relativo à natureza da entidade que pratica as operações previstas. Por exemplo, no acórdão de 11 de Julho de 1985, proferido no processo 107/84 (Comissão/Alemanha, ECR p. 2655, n.º 13) vem afirmado o seguinte: *"Although it is true that the exemptions are granted in favour of activities pursuing specific objectives, most of the provisions also define the bodies which are authorized to supply the exempted services. It is therefore incorrect to state that the services are defined by reference to purely material or functional criteria."*

---

[15] Ver apontamento mais detalhado sobre este aresto *infra*, no n.º 2.2.1. do capítulo II.

[16] *Cf.*, por exemplo, os seguintes arestos: de 10 de Setembro de 2002 (processo C-141/00, caso *Kügler*, Colect. p. I-6833, n.ºs 26 a 30); e de 6 de Novembro de 2003 (processo C-45/01, caso *Dornier-Stiftung*, Colect. p. I-12911, n.º 20).

A jurisprudência do TJCE aponta também para que as normas de isenção sejam, em princípio, aplicáveis independentemente das transmissões de bens ou das prestações de serviços serem ou não lícitas ou de os operadores económicos que as realizam se encontrarem ou não devidamente autorizados a realizá-las. Neste domínio, há que referir que o TJCE, em matéria de sujeição a IVA das actividades exercidas ilicitamente, tendo em conta o princípio da neutralidade, considera que estas também estão abrangidas pelo âmbito de incidência do IVA. Tal só sucederá, porém, na medida em que as operações delas decorrentes se encontrem em concorrência directa com as operações realizadas de forma lícita. Nessas circunstâncias, do mesmo modo que as operações realizadas ilicitamente podem estar abrangidas pelas regras de incidência do imposto, também nada impede que essas operações, uma vez verificados os pressupostos de isenção enunciados numa norma, também possam aproveitar de tal isenção[17].

b) Noção de "operações estreitamente conexas"

Enquanto norma caracterizadora, e ao mesmo tempo delimitadora, do conteúdo de certas isenções previstas no n.º 1 da parte A) do artigo 13.º, estatui a alínea b) do n.º 2 da mesma parte A), que do âmbito dessas isenções se excluem as transmissões de bens e as prestações de serviços que:

"– *não forem indispensáveis à realização das operações isentas;*
– se destinarem, essencialmente, a obter para o organismo receitas suplementares mediante a realização de operações efectuadas em concorrência directa com as empresas comerciais sujeitas ao imposto sobre o valor acrescentado."

A referida alínea b) do n.º 2 reporta-se às operações previstas nas alíneas b), g), h), i), l), m) e n) do n.º 1. Estas alíneas são precisamente aquelas em que, para além das prestações de serviços nelas expressamente referidas, a isenção abrange também certas operações (entregas de bens,

---

[17] Cf., nomeadamente, o acórdão de 11 de Junho de 1998 (processo C-283/95, caso *Fischer*, Colect. p. I-3369, n.ºs 21, 22 e 28) e o acórdão de 25 de Fevereiro de 1999 (processo C-349/96, caso *Card Protection Plan*, Colect. p. I-973, n.ºs 33 a 36).

prestações de serviços ou operações de ambos os tipos) "estreitamente conexas". Tal sugere que o disposto na alínea b) do n.º 2 da parte A) do artigo 13.º da Sexta Directiva tem como efeito estabelecer os limites a partir dos quais as operações já não poderão ser consideradas estreitamente conexas.

Note-se, embora tal não resulte directamente da letra da lei, que as duas condições estabelecidas na alínea b) do n.º 2 da parte A) do artigo 13.º não devem ser reputadas de cumulativas. Essa acepção parece poder retirar-se do facto de a norma só assim ter inteligibilidade e sentido útil. Com efeito, não se compreenderia que a exclusão da isenção das operações que não sejam indispensáveis à realização das prestações de serviços expressamente isentas estivesse condicionada a que, simultaneamente, a realização daquelas o fosse em concorrência directa com as empresas comerciais e visasse exclusivamente a obtenção de receitas suplementares para os organismos. Este ponto de vista tem apoio no acórdão de 3 de Abril de 2003, proferido no processo C-144/00 (caso *Hoffman*, Colect. p. I-2921, n.º 29), em que o Tribunal, ao citar o texto constante dos dois travessões daquela alínea, separa-os pela disjunção "ou". Do mesmo modo, tem apoio no acórdão de 1 de Dezembro de 2005, tirado nos processos C-394/04 e C-395/04 (casos *Athinon-Ygeia*, Colect. p. I-?, n.º 35), em que o TJCE, através de uma formulação *a contrario*, utiliza a conjunção "e", referindo que apenas se podem considerar isentas as *"prestações [que] revestirem um carácter indispensável [...] e se não destinarem essencialmente a obter receitas suplementares para a pessoa que as fornece [...]"*.

c) *Equiparação a poderes de autoridade*

Nos termos do quarto parágrafo do n.º 5 do artigo 4.º da Sexta Directiva, *"os Estados-membros podem considerar as actividades das entidades atrás referidas [organismos de direito público], que estão isentas por força dos artigos 13.º ou 28.º, como actividades realizadas na qualidade de autoridades públicas"*.

Na sua decisão de 6 de Fevereiro de 1997, tomada no processo C--247/95 (caso *Welden*, Colect. p. I-779), versando sobre o conteúdo daquele quarto parágrafo, o TJCE salientou que o mesmo confere aos Estados membros, sem qualquer distinção entre os tipos de actividades em causa, a faculdade de excluírem da incidência do IVA os organismos de direito público, quando exerçam qualquer das actividades previstas no artigo 13.º da Sexta Directiva, ainda que na prossecução dessas actividades tais organismos se encontrem a actuar em condições idênticas às das entidades privadas. Consequentemente, entendeu o Tribunal que a disponibilidade dada aos Estados membros pela citada norma do artigo 4.º não respeita apenas às disposições do artigo 13.º que se refiram especificamente a operações realizadas por organismos públicos, podendo abranger todas as restantes operações previstas neste artigo.

A norma acima mencionada foi, igualmente, objecto de pronúncia no acórdão de 14 de Dezembro de 2000, proferido no processo C-446/98 (caso *Câmara Municipal do Porto*, Colect. p. I-11435, n.os 40 a 46), tendo o TJCE salientado, no n.º 42 do acórdão, que a mesma *"não tem, portanto, por objecto limitar o benefício da não sujeição ao IVA que resulta do primeiro parágrafo desta disposição, permitindo, pelo contrário, aos Estados membros alargar esse benefício a determinadas actividades exercidas por organismos de direito público que, ainda que sejam exercidas por esses organismos na qualidade de autoridades públicas, podem, no entanto, ser como tal consideradas ao abrigo do quarto parágrafo desta disposição"*. Assim, a circunstância de uma dada operação estar expressamente excluída do âmbito das isenções previstas no artigo 13.º não impede que, se essa operação for exercida no quadro dos poderes de autoridade de uma entidade pública, a mesma possa ser não sujeita a IVA, desde que se verifiquem as condições previstas nos primeiro e segundo parágrafos do n.º 5 do artigo 4.º da Sexta Directiva[18].

2.4.2. Elemento subjectivo das isenções

a) Relevância do elemento subjectivo

Boa parte das isenções previstas no artigo 13.º da Sexta Directiva estabelece condições de ordem subjectiva para que as mesmas possam operar. Nestes casos não é suficiente tomar em consideração apenas a qualificação das transmissões de bens ou das prestações de serviços realizadas, mas também a natureza da entidade que as realiza.

Como se referiu, já no acórdão de 11 de Julho de 1985 (processo 107/84, Comissão/Alemanha, Recueil p. 2655, n.º 20), o Tribunal decidiu que, embora as isenções do IVA aproveitem a actividades que prosseguem

---

[18] Ver também referência a este acórdão no n.º 2.2.2. do capítulo II, *infra*.

determinados objectivos, a maior parte das disposições precisa igualmente quais os operadores económicos que reúnem as condições para realizar as operações isentas, sem que essas sejam aí definidas por referência a noções puramente materiais ou funcionais[19].

Contrariando, em boa parte, o que havia afirmado na sua decisão de 11 de Agosto de 1995 (processo C-453/93, caso *Bulthuis-Griffioen*, Colect. p. I-2341, n.º 20), o TJCE, no acórdão de 7 de Setembro de 1999 (processo C-216/97, caso *Gregg*, Colect. p. I-4947), entendeu que o sentido das expressões "*outros estabelecimentos da mesma natureza devidamente reconhecidos*" e "*outros organismos reconhecidos de carácter social pelo Estado membro em causa*", que constam, respectivamente, das alíneas b) e g) do n.º 1 da parte A) do artigo 13.º da Sexta Directiva, não visa exclusivamente as pessoas colectivas, podendo abranger também as pessoas singulares que explorem uma empresa.

A acepção de que o termo "*organismo*" é, em princípio, suficientemente amplo para incluir entidades privadas que prossigam fins lucrativos, e de que não exclui do benefício da isenção as pessoas singulares que explorem uma empresa, encontra-se também afirmada no acórdão de 26 de Maio de 2005, correspondente ao processo C-498/03 (caso *Kingcrest*, Colect. p. I-?, n.ºs 35 e 36).

Em contrapartida, decidiu o TJCE nos seus acórdãos de 10 de Setembro de 2002 (processo C-141/00, caso *Kügler*, Colect. p. I-6833, n.ºs 26 e 30) e de 6 de Novembro de 2003 (processo C-45/01, caso *Dornier-Stiftung*, Colect. p. I-12911, n.º 20), em que estava em causa a interpretação da alínea c) do n.º 1 da parte A) do artigo 13.º da Sexta Directiva, relativa ao exercício das profissões de médico e de paramédico, que essa disposição não estabelece qualquer distinção quanto à natureza jurídica do prestador dos serviços em causa, podendo a mesma ser também extensível às pessoas colectivas.

b) Organismos sem finalidade lucrativa

A alínea a) do n.º 2 da parte A) do artigo 13.º da Sexta Directiva estabelece o seguinte:

---

[19] Tal veio a ser reafirmado, por exemplo, nos seguintes acórdãos: de 15 de Junho de 1989 (processo 348/87, caso *SUFA*, Colect. p. 1737, n.º 12); e de 7 de Setembro de 1999 (processo C-216/97, caso *Gregg*, Colect. p. I-4947, n.º 13).

"Os Estados-membros podem subordinar, caso a caso, a concessão, a organismos que não sejam de direito público, de qualquer das isenções previstas nas alíneas b), g), h), i), l), m) e n) do n.º 1 à observância de uma ou mais das seguintes condições:

- *os organismos em questão não devem ter como objectivo a obtenção sistemática do lucro; os eventuais lucros não devem em caso algum ser distribuídos, devendo antes ser destinados à manutenção ou à melhoria das prestações fornecidas;*
- *devem ser geridos e administrados essencialmente a título gratuito por pessoas que não detenham, por si mesmas ou por interposta pessoa, qualquer interesse directo ou indirecto nos resultados da exploração;*
- *devem praticar preços homologados pela Administração Pública, ou que não excedam os preços homologados, ou, no que diz respeito às actividades não susceptíveis de homologação de preços, preços inferiores aos exigidos para actividades análogas por empresas comerciais sujeitas ao imposto sobre o valor acrescentado;*
- *as isenções não devem ser susceptíveis de provocar distorções de concorrência em detrimento de empresas comerciais sujeitas ao imposto sobre o valor acrescentado".*

Conforme o salientado no acórdão de 21 de Março de 2002, proferido no processo C-174/00 (caso *Kennemer Golf*, Colect. p. I-3293)[20], a expressão *"sem fins lucrativos"* reporta-se aos organismos, e não às próprias operações referidas na isenção de forma objectiva. Quando uma norma se refere a organismos sem fins lucrativos, o seu objectivo é conceder um tratamento mais favorável a determinados organismos cujas actividades são orientadas para fins distintos dos comerciais. Desse modo, quando o âmbito subjectivo de uma isenção implique que quem pratica as operações seja um organismo sem fins lucrativos, tal aspecto deve ser avaliado em função do conjunto das actividades do organismo, incluindo nessa apreciação todas as operações que eventualmente realize para além daquelas a que a isenção se refere.

---

[20] Ver também apontamentos sobre este acórdão nos n.ºˢ 1.6. e 1.7. do capítulo II, *infra*.

Um outro aspecto focado na referida decisão, prende-se com saber se a qualificação como organismo sem finalidade lucrativa pode subsistir quando este vise, de um modo sistemático, a obtenção de excedentes, embora apenas destinados a ser afectos à actividade que desempenha. O Tribunal afirmou que as disposições da Sexta Directiva relativas a organismos sem finalidade lucrativa não inviabilizam os organismos em causa de encerrarem cada exercício com um saldo positivo. Caso contrário, isso implicaria, até, que esses organismos se vissem impedidos de criar reservas destinadas a financiar a manutenção e a melhoria dos seus recursos. O que se pretende é que os organismos em causa, contrariamente ao que sucede com as empresas comerciais, não visem gerar lucros para os distribuir aos seus membros. O TJCE salientou que a perspectiva defendida se mantém ainda que a procura de excedentes, para serem afectos à própria actividade, ocorra de forma sistemática.

Por sua vez, no acórdão de 21 de Março de 2002, exarado no processo C-267/00 (caso *Zoological Society*, Colect. p. I-3353), estava em apreço o disposto no segundo travessão da alínea a) do n.º 2 da parte A) do artigo 13.º. Esta disposição confere aos Estados membros a possibilidade de, quando não se tratem de organismos públicos, restringirem a aplicação de certas isenções aos organismos geridos e administrados essencialmente a título gratuito, por pessoas que não tenham, por si mesmas ou por interpostas pessoas, interesse directo ou indirecto nos resultados de exploração.

Sobre a matéria, o TJCE decidiu que aquela disposição se refere apenas às pessoas directamente ligadas à gestão e à administração, e não a todas as pessoas afectas ao organismo. Assim, a condição constante daquele segundo travessão reporta-se apenas aos elementos que, segundo os estatutos, sejam designados para assegurar a direcção do organismo ao nível mais elevado, bem como a outras pessoas que, apesar de não serem designadas para o efeito pelos estatutos, exerçam efectivamente a sua direcção, tomando decisões de mais alto nível relativas à política do organismo, nomeadamente no plano financeiro, e que efectuam as tarefas superiores de controle do organismo.

Por outro lado, o Tribunal considerou que a expressão *"essencialmente a título gratuito"*, constante do mesmo segundo travessão, se refere à condição de que, a haver alguma remuneração por parte dos administradores ou gestores acima referidos, ela seja insignificante ou a título meramente simbólico, não bastando apenas que uma grande maioria dos administradores ou gestores exerça a sua actividade gratuitamente.

No acórdão de 26 de Maio de 2005, tirado no processo C-498/03 (caso *Kingcrest*, Colect. p. I-?), o TJCE considerou que, quando o legislador nacional não recorreu à possibilidade dada pelo primeiro travessão da alínea a) do n.º 2 da parte A) do artigo 13.º, para fazer depender explicitamente o benefício de certas isenções da inexistência de fins lucrativos, a prossecução de fins lucrativos não pode excluir os sujeitos passivos do benefício dessas isenções. Na óptica do Tribunal, explicitada no n.º 42 do texto do acórdão, o princípio da neutralidade seria prejudicado se, não tendo os legisladores comunitário ou interno expressamente restringido a aplicação de uma isenção aos organismos sem finalidade lucrativa, se viesse a dar um tratamento diversificado entre as entidades que prosseguissem o lucro e as que o não visassem[21].

c) Reconhecimento dos organismos

No seu acórdão de 10 de Setembro de 2002, relativo ao processo C--141/00 (caso *Kügler*, Colect. p. I-6833), o TJCE considerou que os Estados membros dispõem de uma margem de livre apreciação para atribuir a condição de "*organismos reconhecidos de carácter social*", a propósito do reconhecimento a que alude a alínea g) do n.º 1 da parte A) do artigo 13.º. No entanto, dado que essa relativa discricionariedade não dispensa os Estados membros do respeito pelos princípios gerais do direito comunitário, em especial o princípio da igualdade de tratamento, as autoridades administrativas competentes, sob sufrágio das autoridades judiciais dos Estados membros, devem ter em conta o procedimento em matéria de reconhecimento por si adoptado em casos análogos. Nessa perspectiva, é afirmado no n.º 58 do texto decisório que "*o órgão jurisdicional de reenvio poderá, assim, tomar em consideração a existência de disposições específicas, quer sejam nacionais ou regionais, legislativas ou de carácter administrativo, fiscais ou de segurança social, o facto de associações com as mesmas actividades que a demandante no processo principal beneficiarem já de uma isenção semelhante, tendo em conta o carácter de interesse geral dessas actividades, bem como o facto de o custo das prestações fornecidas pela demandante no processo principal ser eventualmente assumido, em grande parte, por caixas de seguro de doença instituídas pela lei ou por organismos de segurança social com os quais os operadores privados [...] mantêm relações*". E, logo de seguida, nos n.ᵒˢ 59 e 60 do acórdão: "*Esta conclusão não pode ser infirmada pela possibilidade, prevista no artigo 13.º, A, n.º 2, da Sexta Directiva, de se*

---

[21] Ver referência mais detalhada a este aresto *infra*, no n.º 1.4. do capítulo II.

subordinar a concessão das isenções previstas no n.º 1 desta disposição ao respeito de uma ou diversas condições [já que] esta limitação à regra de não sujeição tem apenas carácter eventual e um Estado-membro que não tenha tomado as medidas necessárias para esse efeito não pode invocar a sua própria omissão para recusar a um contribuinte o benefício de uma isenção à qual este pode legitimamente [aceder] nos termos da Sexta Directiva."

Noutra circunstância, abordada numa das questões colocadas no processo C-45/01 (caso *Dornier-Stiftung*, Colect. p. I-12911), que deu lugar ao acórdão de 6 de Novembro de 2003, a problemática consistia em saber se a expressão *"outros estabelecimentos da mesma natureza devidamente reconhecidos"*, adoptada na alínea b) do n.º 1 da parte A) do artigo 13.º, pressuporia a existência de um procedimento formal de reconhecimento. Sobre a matéria, o Tribunal começou por constatar que a disposição nada refere sobre os requisitos e as modalidades de reconhecimento, pelo que tal, em princípio, é deixado ao critério da legislação interna dos Estados membros. A Sexta Directiva também não exige que o reconhecimento resulte de um procedimento formal ou que esse procedimento tenha de vir expressamente previsto na legislação interna de natureza fiscal. À semelhança dos limites impostos no acórdão de 10 de Setembro de 2002, relativo ao caso *Kügler*, acima citado, o Tribunal voltou a afirmar, quando tenha sido posto em causa o não reconhecimento a um sujeito passivo da sua eventual condição de organismo de carácter social, que os órgãos judiciais nacionais devem examinar se as autoridades competentes observaram os princípios comunitários, em particular o princípio da igualdade de tratamento, de modo a que não ocorra qualquer discriminação relativamente a outros operadores que se encontrem em situação similar. No entanto, quando outros operadores, que ministrem o mesmo tipo de cuidados de saúde, beneficiarem de isenção, a existência ou não de uma total comparticipação financeira por parte das autoridades ligadas à assistência e segurança sociais não justifica, por si só, uma diferença de tratamento em sede de IVA. Por outro lado, uma vez que a assistência médica mencionada na alínea b) do n.º 1 pode abranger, não só os serviços prestados por médicos, mas de igual modo os ministrados por paramédicos, um Estado membro também não pode subordinar o reconhecimento dos organismos ou dos estabelecimentos à condição de que as prestações de âmbito paramédico sejam realizadas sob supervisão médica[22].

---

[22] Ver apontamentos sobre os dois acórdãos citados neste n.º 2.4.2.-c), *infra*, no n.º 1.2. do capítulo II.

2.5. Interpretação "estrita" das normas de isenção

2.5.1. Regra geral

O princípio geral de tributação da generalidade dos consumos de bens e serviços prosseguido pelo IVA comunitário tem levado o TJCE a afirmar reiteradamente que as normas que na Sexta Directiva prevêem isenções de IVA, por constituírem excepções àquele princípio geral, devem ser objecto de uma *"interpretação estrita"*.

Cabe, no entanto, deixar a devida nota de que o Tribunal ao referir--se, como frequentes vezes sucede, à necessidade de se interpretar estritamente uma determinada norma de isenção, tal reporta-se a uma interpretação em harmonia com o sentido literal dos preceitos, e não – como por vezes é acentuado – a uma interpretação restritiva dos preceitos, em sentido técnico-jurídico, de que decorresse a necessidade de uma sistemática redução pelo intérprete do alcance da "letra da lei".

A questão coloca-se com certa acuidade, em virtude de em inúmeros acórdãos em matéria de isenções do IVA, indiscriminadamente, ora se referir que essas normas devem ser, em geral, de *"interpretação estrita"* ou *"interpretadas estritamente"*[23], ora se referir que devem ser, em geral, de *"interpretação restritiva"* ou *"interpretadas restritivamente"*[24].

---

[23] A expressão *"interpretação estrita"* consta, nomeadamente, das seguintes decisões: acórdãos de 11 de Agosto de 1995 (processo C-453/93, caso *Bulthuis-Griffioen*, Colect. p. I-2341, n.º 19); de 12 de Fevereiro de 1998, (processo C-346/95, caso *Elisabeth Blasi*, Colect. p. I-481, n.º 18); de 12 de Novembro de 1998 (processo C-149/97, caso *Institute of Motor Industry*, Colect. p. I-7053, n.º 17); de 7 de Setembro de 1999 (processo C-216//97, caso *Gregg*, Colect. p. I-4947, n. º 12); de 18 de Janeiro de 2001 (processo C-150//99, caso *Lindöpark*, Colect. p. I-493, n.º 25); de 9 de Outubro de 2001 (processo C-108//99, caso *Cantor Fitzgerald*, Colect. p. I-7257, n.º 25); de 9 de Outubro de 2001 (processo C-409/98, caso *Mirror Group*, Colect. p. I-7175, n.º 30); de 7 de Março de 2002 (processo C-169/00, Comissão/Finlândia, Colect. p. I-2433, n.º 33); de 20 de Junho de 2002 (processo C-287/00, Comissão/Alemanha, Colect. p. I-5811, n.º 43); de 10 de Setembro de 2002 (processo C-141/00, caso *Kügler*, Colect. p. I-6833, n.º 39); de 8 de Maio de 2003 (processo C-269/00, caso *Seeling*, Colect. p. I-4101, n.º 44); de 12 de Junho de 2003 (processo C-275/01, caso *Sinclair Collis*, Colect. p. I-5965, n.º 23); de 20 de Novembro de 2003 (processo C-8/01, caso *Taksatorringen*, Colect. p. I-13711, n.º 36); de 20 de Novembro de 2003 (processo C-212/01, caso *Unterpertinger*, Colect. p. I-13859, n.º 34); de 18 de Novembro de 2004, (processo C-284/03, caso *Temco Europe*, Colect. p. I-11237, n.º 17); e de 3 de Março de 2005 (processo C-472/03, caso *ACMC*, Colect. p. I-?, n.º 24).

[24] As expressões "interpretação restritiva" ou "interpretadas restritivamente" constam, nomeadamente, das seguintes decisões: acórdãos de 15 de Junho de 1989 (processo 348/

Desde logo, o sentido da expressão "*de um modo estrito*" não significa obrigatoriamente, quer do ponto de vista semântico, quer na própria acepção que se retira de outras afirmações do TJCE, uma "*interpretação restritiva*" dos textos legais. Com efeito, aquela primeira expressão tem de ser, neste contexto, entendida como sinónima de interpretação declarativa ou literal, ou seja, como uma interpretação que tem em conta e se baseia no sentido próprio e exacto – o estrito sentido – das palavras que o texto compreende.

Seria, aliás, incompreensível que o intérprete estivesse circunscrito – de uma forma apriorística, generalizada e sem mais ponderação – a chegar sempre a uma interpretação restritiva das normas de isenção. Condicionar o intérprete a tal resultado seria pressupor, logo à partida, que o legislador comunitário teria exprimido, em todos os casos, deficientemente as suas ideias, dizendo sempre mais do que aquilo que quereria na realidade dizer. Um tal pressuposto seria obviamente inaceitável, uma vez que o recurso a interpretação restritiva só se compreende após uma análise de cada norma em concreto, e não de uma forma sistemática. Em primeiro lugar, seria mister demonstrar, em relação a cada uma delas, que uma mera interpretação declarativa ou literal levaria a um resultado ilógico, não visado pelo legislador ou contrário ao ordenamento.

Sucede, aliás, em várias decisões, quando explica ou adianta o modo como a "*interpretação estrita*" ou a "*interpretação restritiva*" devem operar, que o TJCE veicula sempre a acepção de que essa interpretação deve ir preferencialmente ao encontro do sentido literal da norma, e não visar *a priori* um resultado que fique aquém desse sentido.

Assim é, por exemplo, no acórdão de 15 de Junho de 1989, correspondente ao processo 348/87 (caso *SUFA*, Colect. p. 1737, n.º 13), em que o TJCE, por sinal, afirma que "*os termos utilizados para designar as isenções visadas pelo artigo 13.º da sexta directiva devem ser interpretados restritivamente*". No entanto, tal expressão é usada sem que denote qualquer divergência relativamente ao ponto de vista exposto no processo pelo advogado-geral Mischo[25]. Este, por seu turno, havia dito que "*as isenções, enquanto excepções à regra geral da tributação das actividades económicas, são de interpretação estrita e não devem ir além*

/87, caso *SUFA*, Colect. p. 1737, n.º 13); de 13 de Julho de 1989 (processo 173/88, caso *Morten Henriksen*, Colect. p. 2763, n.º 12); e de 11 de Janeiro de 2001 (processo C-76//99, Comissão/França, Colect. p. I-249, n.º 21).

[25] Exposto no n.º 11 das suas conclusões, datadas de 20 de Abril de 1989.

do que está expressa e claramente previsto". Para tanto, o advogado-geral estribou-se expressamente no que vem dito no acórdão de 26 de Março de 1987, proferido no processo 235/85 (Comissão/Países Baixos, Colect. p. 1485, n.º 19), no sentido de que *"a sexta directiva caracteriza-se pela generalidade do seu âmbito de aplicação e pelo facto de todas isenções deverem ser expressas e precisas"*[26]. Ou seja, da conjugação do afirmado no texto do acórdão e nas conclusões do advogado-geral no processo, resulta que, para o Tribunal, a expressão *"interpretação estrita"* ou a acepção de que as normas de isenção devem ser *"interpretadas restritivamente"* significam exercício idêntico, e que ambas as expressões se reportam a uma interpretação que vai preferencialmente ao encontro do sentido literal do que está previsto e expresso na redacção da norma a interpretar. É em não ultrapassar esse sentido que consiste, portanto, a restrição a que o intérprete está submetido. O intérprete deve, no entanto, procurar basear-se numa interpretação literal ou declarativa do texto legal, isto é, no que se encontra estritamente expresso na norma.

Ilustrando o que atrás se disse, citem-se mais algumas situações em que a mesma abordagem se encontra patente.

No acórdão de 13 de Julho de 1989, proferido no processo 173/88 (caso *Henriksen*, Colect. p. 2763, n.ºs 11 e 12), após afirmar que não se poderia determinar o alcance da alínea b) da parte B) do artigo 13.º *"com base numa interpretação exclusivamente textual"*, o texto decisório vem logo adiante retomar a mesma ideia dizendo que *"esta cláusula não pode, assim, ter uma interpretação restritiva"*. Se bem se percebe, portanto, uma interpretação com base numa interpretação exclusivamente textual seria, também aqui, na terminologia utilizada no acórdão, uma interpretação restritiva do texto. Ou seja, mais uma vez emerge que, para o Tribunal, a utilização da expressão *"interpretação restritiva"* não pretende mais do que significar que a interpretação tem como limite o sentido literal ou declarativo da norma.

Também no acórdão de 21 de Março de 2002, relativo ao processo C-174/00 (caso *Kennemer Golf*, Colect. p. I-3293, n.º 20), para ilustrar que a expressão *"sem fins lucrativos"* se reporta aos organismos e não a certas prestações de serviços por eles realizadas, o Tribunal invocou que esta segunda acepção *"não seria compatível com a letra nem com o objectivo da disposição em causa"*.

---

[26] Em rigor, porém, neste processo 235/85 não estivera em causa uma norma de isenção, mas a norma de não sujeição contida no primeiro parágrafo do n.º 5 do artigo 4.º da Sexta Directiva.

Tal é igualmente o caso do acórdão de 18 de Janeiro de 2001, proferido no processo C-83/99 (Comissão/Espanha, Colect. p. I-445). Com efeito, se se atentar no teor dos n.ºs 19 e 20 desse acórdão, constatar--se-á que o Tribunal, ao referir-se à necessidade de recurso a uma *"interpretação estrita"* (n.º 19), considera, como logo de seguida esclarece (n.º 20), que tal significa exactamente uma interpretação *"em conformidade com o sentido habitual dos termos em causa"*.

Por seu turno, no acórdão de 8 de Maio de 2003, proferido no processo C-269/00 (caso *Seeling*, Colect. p. I-4101, n.ºs 44 e 45), é dito que as *"isenções visadas pelo artigo 13.º da referida directiva são de interpretação estrita, [pelo que] o artigo 13.º B, alínea b), da Sexta Directiva, não pode ser aplicado por analogia"*. Pelo anteriormente visto, no entanto, trata-se aqui meramente de uma afirmação *a fortiori*, pois que, decorrente da habitual acepção do TJCE, a própria interpretação extensiva está geralmente vedada ao intérprete[27].

De igual modo, no acórdão de 6 de Novembro de 2003, correspondente ao processo C-45/01 (caso *Dornier-Stiftung*, Colect. p. I-12911), depois de invocar que as normas de isenção devem ser *"interpretadas estritamente"*, o Tribunal salientou que, apesar disso, a interpretação do teor literal de uma expressão deve ajustar-se aos objectivos prosseguidos por essas isenções e respeitar as exigências do princípio da neutralidade fiscal inerente ao sistema comum do IVA. Ora, desse excerto do acórdão, constante do seu n.º 42, ao explicitar o que entende por *"interpretar estritamente"* o Tribunal torna evidente que se referia em concreto a uma interpretação baseada no *"teor literal"* do preceito.

Assim como no acórdão de 18 de Novembro de 2004, tirado no processo C-284/03 (caso *Temco Europe*, Colect. p. I-11237, n.º 17), após referir que as isenções são de *"interpretação estrita"*, o Tribunal salienta que *"esta regra de interpretação estrita não significa, no entanto, que os termos utilizados para definir as isenções devam ser interpretados de um modo que os prive dos seus efeitos"*.

Em face destes exemplos, parece indubitável que o TJCE, utilizando em contextos idênticos as expressões *"interpretação estrita"* e *"interpretação restritiva"*, se reporta ao mesmo constrangimento, que é o do intérprete não dever ir mais além do que o sentido literal do texto permite. Só assim, com efeito, se entendem e se compatibilizam as duas expressões

---

[27] Ver, no entanto, o n.º 2.5.2. deste capítulo.

em torno da mesma ideia. Ou seja, quanto ao resultado, em princípio, o intérprete não pode chegar além de uma interpretação literal ou declarativa das normas de isenção, isto é, a interpretação tenderá a ser estrita à letra da lei. Para determinar o exacto sentido do texto legal, o intérprete encontra-se, então, na perspectiva do Tribunal, sujeito à restrição de não poder ir mais além do que a letra da lei permite, estando-lhe assim inviabilizado, pelo menos por via de regra, o recurso a uma interpretação extensiva da letra dos preceitos, assim como, por maioria de razão, o recurso à analogia.

2.5.2 Casos particulares

Note-se, no entanto, que o TJCE já entendeu, em algumas decisões, que as isenções relativas às prestações de serviços no âmbito da saúde e do ensino têm como fito reduzir o custo suportado pelos consumidores na aquisição dos bens ou dos serviços a que a isenção respeite. Nesses casos, o Tribunal considera – atendendo a que o objectivo das isenções relativas a essas actividades é garantir um acesso menos dispendioso pelos cidadãos aos referidos serviços – que as correspondentes disposições não estão submetidas a uma interpretação *"particularmente estrita"*[28] ou *"particularmente restritiva"*[29].

No acórdão de 11 de Janeiro de 2001, proferido no processo C-76//99 (Comissão/França, Colect. p. I-249, n.º 23), a propósito do enquadramento de transmissões de colheitas sanguíneas no âmbito da alínea b) do n.º 1 da parte A) do artigo 13.º, o Tribunal entendeu que, apesar daquela disposição não conter uma definição do conceito de "operações estreitamente conexas", *"esta noção não reclama, porém, uma interpretação particularmente restritiva na medida em que a isenção das operações estreitamente conexas com a hospitalização ou com a assistência médica se destina a garantir que o benefício destas não se torna inacessível em razão do acréscimo de custos que resultaria se elas próprias, ou as operações com elas estreitamente conexas, fossem sujeitas a IVA"*.

Ainda a propósito da alínea b) do n.º 1 da parte A) do artigo 13.º, no acórdão de 6 de Novembro de 2003, exarado no processo C-45/01

---

[28] *Cf.* o acórdão de 20 de Junho de 2002 (processo C-287/00, Comissão/Alemanha, Colect. p. I-5811, n.º 47).

[29] *Cf.* o acórdão de 11 de Janeiro de 2001, referente ao processo C-76/99 (Comissão//França, Colect. p. I-249, n.º 23).

(caso *Dornier-Stiftung*, Colect. p. I-12911, n.º 48), baseando-se na mesma acepção, de que esta isenção tem em vista não tornar o acesso aos cuidados de saúde demasiado oneroso, e referenciando o acórdão atrás mencionado, o TJCE afirmou desta feita que *"não deve dar-se ao conceito de 'assistência sanitária' uma interpretação particularmente restritiva"*.

Por sua vez, no acórdão de 20 de Junho de 2002, referente ao processo C-287/00 (Comissão/Alemanha, Colect. p. I-5811, n.º 47), o TJCE desenvolveu semelhante ilação a respeito da noção de operações estreitamente conexas com o ensino, constante da alínea i) do n.º 1 da parte A) do artigo 13.º, afirmando que *"esta noção não requer, porém, uma interpretação particularmente estrita"*.

No entanto, também aqui as duas expressões, utilizadas de forma indiscriminada, se prestam a confusões que seriam evitáveis. Sucede que no acórdão de 20 de Junho de 2002 (Comissão/Alemanha, n.º 43) o TJCE dissera antes que as regras de isenção são de *"interpretação estrita"*, ao passo que no acórdão de 11 de Janeiro de 2001 (Comissão/França, n.º 21) tinha referido que as normas de isenção deveriam ser *"interpretadas restritivamente"*. No citado acórdão de 6 de Novembro de 2003 (caso *Dornier-Stiftung*, n.º 42), o TJCE tinha até referido expressamente a necessidade de se *"interpretar estritamente"* as disposições de isenção, antes de ter mencionado a circunstância de a norma nele em apreço não exigir uma interpretação *"particularmente restritiva"*[30]. Do exposto *supra*, no n.º 2.5.1., relativamente à forma como o TJCE utiliza as duas expressões em sinonímia e ao sentido que lhes pretende dar, pode retirar-se, ainda assim, quando se refere a que determinadas normas não estão submetidas a uma interpretação *"particularmente estrita"* ou *"particularmente restritiva"*, que o Tribunal quer dizer que, nesses casos, o intérprete não está necessariamente circunscrito ao estrito sentido da letra da lei, podendo justificar-se, em função dos objectivos prosseguidos pelas normas, que possa fixar-se numa interpretação que estenda dentro do possível o seu sentido literal[31].

Embora com um âmbito algo diferente, cabe aludir também ao acórdão de 12 de Fevereiro de 1998, proferido no processo C-346/95 (caso *Elisabeth Blasi*, Colect. p. I-481, n.ᵒˢ 18 e 20). Nesta decisão em

---

[30] O mesmo sucede no texto do acórdão de 26 de Maio de 2005 (processo C-498//03, caso *Kingcrest*, Colect. p. I-?, n.ᵒˢ 29 e 32).

[31] Parece tratar-se aqui, portanto, da possibilidade de interpretação extensiva, embora o Tribunal não utilize esta expressão.

matéria de locação de bens imóveis, depois de referir que as isenções previstas no artigo 13.º da Sexta Directiva são de interpretação estrita, o TJCE veio, a propósito do ponto 1 da alínea b) da parte B) do mesmo artigo, dizer que "*a expressão 'sectores com funções análogas' deve ser interpretada em sentido lato, dado que tem por objecto garantir que as operações de alojamento temporário análogas às fornecidas no sector hoteleiro, que com elas estão em situação de concorrência potencial, sejam tributadas*". Cabe salientar, no entanto, que aqui não se trata, em rigor, de uma efectiva particularidade face à regra geral de interpretação das isenções veiculada pelo Tribunal, já que a preconizada interpretação "*em sentido lato*" se refere às situações excepcionadas da isenção que abrange a locação de bens imóveis.

Já o mesmo não acontece, porém, no acórdão de 4 de Outubro de 2001, proferido no processo C-326/99 (caso *Goed Wonen*, Colect. p. I--6831, n.ºˢ 46, 49 e 50), em que o Tribunal, para efeitos da aplicação da própria isenção prevista na alínea b) da parte B) do artigo 13.º, equiparou a locação isenta uma constituição de usufruto sobre um bem imóvel. Para tanto, embora tenha reafirmado que as isenções "*devem ser interpretadas de forma estrita*", o Tribunal salientou mais adiante que a noção de locação visada naquela disposição "*é mais lata do que a prevista nos diferentes direitos nacionais*" e que cumpriria "*analisar a ratio legis da isenção estabelecida*"[32].

2.5.3. Disposições transitórias em matéria de isenções

Quando estejam em causa normas que transitoriamente confiram a possibilidade de os Estados membros manterem certas isenções, estas encontram-se submetidas às regras interpretativas da generalidade das isenções, nomeadamente no sentido de que não deve ir o intérprete mais além do que o estrito sentido do texto legal.

Com particular acuidade nesse domínio, cite-se o acórdão de 7 de Março de 2002, proferido no processo C-169/00 (Comissão/Finlândia, Colect. p. I-2433, n.ºˢ 30 a 34) – relativamente à adopção de uma isenção não harmonizada, ao abrigo da alínea b) do n.º 3 do artigo 28.º e do

---

[32] Ver apontamento mais detalhado sobre este aresto *infra*, no n.º 2.2.1. do capítulo II.

n.º 2 do Anexo F da Sexta Directiva –, em que o TJCE salientou que nestes casos uma interpretação estrita ainda se mostrava mais justificada, porquanto estava em causa uma isenção que só era concedida transitoriamente.

Ao invés, no acórdão de 29 de Abril de 1999, relativo ao processo C-136/97 (caso *Norbury*, Colect. p. I-2491), estava em análise a legislação de um Estado membro que, podendo manter uma isenção ao abrigo da alínea b) do n.º 3 do artigo 28.º, decidira suprimi-la apenas em parte. O TJCE não se opôs a que uma supressão parcial tivesse ocorrido, uma vez que teria efeitos nefastos para o objectivo final de uniformização das isenções impedir-se que um Estado membro procedesse a uma redução ou supressão parcial do âmbito de uma isenção, quando esse Estado membro entendesse possível, apropriado e desejável aplicar a tributação- -regra prevista na Sexta Directiva. A esse propósito, o acórdão, no seu n.º 20, sublinhou que *"uma interpretação restritiva da alínea b) do n.º 3 do artigo 28.º da Sexta Directiva, no sentido de que, embora um Estado- -membro possa manter uma isenção existente, não pode suprimi-la, ainda que apenas em parte, sem concomitantemente extinguir todas as outras isenções, seria contrária ao referido objectivo"*.

2.6. Relevo das diferentes versões linguísticas

De harmonia com jurisprudência constante do TJCE, as disposições comunitárias devem ser interpretadas e aplicadas de modo uniforme à luz das versões redigidas em todas as línguas da Comunidade[33].

O TJCE também já definiu, por várias vezes, o procedimento a adoptar em caso de divergência entre as versões linguísticas de uma disposição comunitária[34].

---

[33] *Cf.*, por exemplo, os seguintes acórdãos: de 5 de Dezembro de 1967 (processo 19/67, caso *Van der Vecht*, Colect. p. 683); de 17 de Julho de 1997 (processo C-219/95, caso *Ferriere Nord*/Comissão, Colect. p. I-4411, n.º 15); de 29 de Abril de 2004 (processo C-371/02, caso *Björnekulla*, Colect. p. I-5791, n.º 16); e de 8 de Dezembro de 2005 (processo C-280/04, caso *Jyske Finans*, Colect. p. I-?, n.º 31).

[34] Sobre este assunto, para além dos acórdãos a seguir mencionados no texto deste número, podem ser vistos também: acórdão de 17 de Junho de 1998 (processo C-321/96, caso *Mecklenburg*, Colect. p. I-3809, n.º 29); e acórdão de 3 de Março de 2005 (processo C-428/02, caso *Fonden Marselisborg*, Colect. p. I-?, n.º 42).

No acórdão de 2 de Abril de 1998, proferido no processo C-296/95 (caso *EMU Tabac*, Colect. p. I-1605)[35], uma das partes no processo alegava que a interpretação que preconizava para uma dada norma seria a mais correcta, embora reconhecesse que tal interpretação estava em divergência com duas das suas versões linguísticas. A mesma parte, porém, considerava que essas duas versões linguísticas não deveriam ser tidas em conta, "*pois que as populações dos dois Estados-membros em causa apenas representavam, no total, 5% da população dos doze Estados-membros no momento em que a directiva foi adoptada e que a sua língua não é facilmente compreendida pelos nacionais dos outros Estados-membros*"[36]. Nesse particular, o Tribunal ripostou no n.º 36 do acórdão que "*não ter em conta duas das versões linguísticas [...] estaria em contradição com a jurisprudência constante do Tribunal de Justiça, segundo a qual a necessidade de uma interpretação uniforme dos regulamentos comunitários exclui que, em caso de dúvida, o texto de uma disposição seja considerado isoladamente, mas exige, pelo contrário, que seja interpretado e aplicado à luz das versões redigidas noutras línguas oficiais (v., designadamente, acórdão de 12 de Julho de 1979, Koschniske, 9/79, Recueil, p. 2717, n.º 6). Por último, a todas as versões linguísticas deve, por princípio, ser reconhecido o mesmo valor, que não pode variar em função da importância da população dos Estados-membros que se exprime na língua em causa.*"

Sobre o assunto, escreve-se também no acórdão de 12 de Novembro de 1998, exarado no processo C-147/97 (caso *Institute of Motor Industry*, Colect. p. I-7053, n.º 16), em que estava em apreço o termo "*sindical*" constante da alínea l) do n.º 1 da parte A) do artigo 13.º da Sexta Directiva, que "*a formulação utilizada numa das versões linguísticas de uma disposição comunitária não pode servir como ponto de partida único para a interpretação dessa norma, nem ser-lhe atribuído, a esse propósito, um carácter prioritário em relação a outras versões linguísticas. Tal solução seria incompatível com a exigência de aplicação uniforme do direito comunitário. Em caso de divergência entre as versões linguísticas, a*

---

[35] A decisão versa sobre a interpretação da Directiva 92/12/CEE, do Conselho, de 25 de Fevereiro de 1992, que é relativa aos impostos especiais de consumo, mas é por vezes citada na jurisprudência do TJCE em matéria de IVA, quando estão em causa divergências nas diferentes versões linguísticas da Sexta Directiva. Este aresto é referido, por exemplo, no acórdão de 26 de Maio de 2005 (processo C-498/03, caso *Kingcrest*, Colect. p. I-?, n.º 26).

[36] Excerto reproduzido do n.º 34 do texto do acórdão.

disposição em questão deve ser interpretada em função da economia geral e da finalidade da regulamentação de que constitui um elemento (v. acórdão de 27 de Março de 1990, Cricket St Thomas, C-372/88, Colect. p I-1345, n.ᵒˢ 18 e 19)."

Aquele trecho final foi reproduzido no acórdão de 14 de Setembro de 2000, proferido no processo C-384/98 (caso *D.*, Colect. p. I-6795, n.º 16), em que se refere a dado passo que "*em caso de divergência entre as diferentes versões linguísticas de um texto comunitário, a disposição deve ser interpretada em função da economia geral e da finalidade da regulamentação de que constitui um elemento (v., nomeadamente, acórdãos de 27 de Março de 1990, Cricket St. Thomas, C-372/88, Colect. p. I--1345, n.º 19, e de 9 de Março de 2000, EKW e Wein & Co., C-437/97, Colect. p. I-1157, n.º 42)*".

Mais recentemente, no acórdão de 26 de Maio de 2005, tirado no processo C-498/03 (caso *Kingcrest*, Colect. p. I-?, n.º 26) vem afirmado que "*a necessidade de uma interpretação uniforme das directivas comunitárias impede que, em caso de dúvida, o texto de uma disposição legal seja considerado isoladamente e exige, pelo contrário, que seja interpretado e aplicado à luz das versões redigidas nas restantes línguas oficiais*".

CAPÍTULO II

ISENÇÕES NAS OPERAÇÕES INTERNAS

1. ISENÇÕES EM BENEFÍCIO DE CERTAS ACTIVIDADES DE INTERESSE GERAL

Os arestos seguidamente referenciados versam sobre a parte A) do artigo 13.º da Sexta Directiva, tendo por epígrafe "*Isenções em benefício de certas actividades de interesse geral*"[37].

1.1. Serviços públicos postais

Nos termos da alínea a) do n.º 1 da parte A) do artigo 13.º da Sexta Directiva, os Estados membros devem isentar de IVA "*as prestações de serviços e as entregas de bens acessórias das referidas prestações efectuadas pelos serviços públicos postais, com excepção dos transportes de passageiros e das telecomunicações*".

Acórdão de 11 de Julho de 1985, processo 107/84, Comissão/ /Alemanha, Recueil p. 2655:

Conforme o decidido neste aresto, a alínea a) do n.º 1 da parte A) do artigo 13.º da Sexta Directiva isenta os serviços públicos postais, mas não os serviços prestados por outras entidades subcontratadas pelos

---

[37] Para além das disposições que são mencionadas ao longo do texto deste capítulo, o n.º 1 da parte A) do artigo 13.º contempla, ainda, uma alínea o), relativa a operações realizadas por ocasião de manifestações de angariação de fundos promovidas pelas entidades previstas nas alíneas b), g), h), i), l), m) e n) do mesmo n.º 1, e uma alínea q), relativa às actividades de organismos públicos de radiotelevisão que não tenham carácter comercial.

serviços públicos postais, como é o caso de serviços de transporte de correspondência postal prestados à entidade pública postal.

Segundo é referido, a redacção da norma em causa, na quase generalidade das versões linguísticas da Sexta Directiva, aponta para uma referência a serviços públicos postais em sentido orgânico, e não para um sentido puramente material ou um critério funcional.

Assim, a isenção restringe-se aos serviços prestados pela "autoridade postal", no sentido de entidade que actua ao abrigo do direito público ou de uma entidade licenciada para actuar por aquela, excluindo-se os serviços prestados por outras empresas às referidas entidades.

1.2. Saúde

Nos domínios directamente ligados à saúde humana, as isenções previstas na Sexta Directiva dividem-se pelas disposições contidas nas alíneas b), c), d), e) e p) do n.º 1 da parte A) do seu artigo 13.º.

Nos termos da alínea b) daquele n.º 1, os Estados membros deverão isentar do IVA *"a hospitalização e a assistência médica, e bem assim as operações com elas estreitamente conexas, asseguradas por organismos de direito público ou, em condições sociais análogas às que vigoram para estes últimos, por estabelecimentos hospitalares, centros de assistência médica e de diagnóstico e outros estabelecimentos da mesma natureza devidamente reconhecidos"*.

A alínea c) do mesmo n.º 1 determina a isenção para *"as prestações de serviços de assistência efectuadas no âmbito do exercício das actividades médicas e paramédicas, tal como são definidas pelo Estado membro em causa"*.

A alínea d) do mesmo número prevê a isenção do IVA para *"as entregas de órgãos, sangue e leite humanos"*.

Nos termos da alínea e) do referido número, estão isentas do IVA *"as prestações de serviços efectuadas no âmbito da sua actividade pelos mecânicos dentistas, e bem assim o fornecimento de próteses dentárias efectuado pelos dentistas e mecânicos dentistas"*.

Por fim, a alínea p) do n.º 1 da parte A) do artigo 13.º da Sexta Directiva isenta do IVA *"o transporte de doentes ou de feridos em veículos especialmente equipados para o efeito, efectuado por organismos devidamente autorizados"*.

Em face do disposto na alínea b) do n.º 2 da mesma parte A) do artigo 13.º, a isenção prevista na alínea b) do n.º 1 não abrange as operações que não sejam indispensáveis à realização das operações isentas ou que, se exercidas em concorrência directa com outros sujeitos passivos submetidos a tributação, se destinem à obtenção de receitas suplementares.

1) Acórdão de 23 de Fevereiro de 1988, processo 353/85, Comissão/Reino Unido, Colect. p. 817:

Nesta decisão o Tribunal considerou que o Reino Unido não se encontrava a dar cumprimento às normas de isenção contidas na Sexta Directiva, ao isentar certas transmissões de bens, como por exemplo medicamentos e óculos, receitados pelos médicos ou por outras pessoas autorizadas.

O Reino Unido pretendia estribar a sua legislação no disposto na alínea c) do n.º 1 da parte A) do artigo 13.º, argumentando que aquela alínea c), à semelhança da alínea b) do mesmo n.º 1, se refere a prestações de serviços de assistência. Nessa óptica, aquele Estado membro invocava um paralelismo nos objectivos visados entre as duas alíneas, de que decorreria que, se a alínea b) permitia isentar as transmissões de bens estreitamente conexas, também a alínea c) o permitiria.

O TJCE não entendeu assim. Referiu que a primeira disposição se reporta a prestações que compreendem um conjunto de serviços de assistência médica, normalmente efectuados sem fim lucrativo, em estabelecimentos com objectivos sociais, como a protecção da saúde humana, cujo normativo expressamente comporta as operações estreitamente conexas. Ao invés, na alínea c) estão em causa prestações efectuadas fora das organizações hospitalares, *"no quadro de uma relação de confiança entre o paciente e o prestador dos serviços, que normalmente tem lugar no consultório deste último. Nestas circunstâncias, à parte os pequenos fornecimentos estritamente necessários no momento da prestação dos serviços de assistência, a entrega de medicamentos e outros bens, como óculos de correcção prescritos pelo médico ou por outras pessoas autorizadas, é material e economicamente dissociável da prestação do serviço"*[38].

---

[38] Excerto respigado do n.º 32 do texto decisório.

2) Acórdão de 24 de Maio de 1988, processo 122/87, Comissão/ /Itália, Colect. p. 2685:

A questão controvertida neste aresto respeitava a uma disposição da legislação interna italiana que estabelecia uma isenção, supostamente ao abrigo do disposto na alínea c) do n.º 1 da parte A) do artigo 13.º da Sexta Directiva, para os serviços prestados por veterinários.

O Tribunal afirmou que todas as versões linguísticas da mencionada disposição, com excepção da italiana e da inglesa, especificavam que as prestações de serviços médicos e paramédicos nela referidas respeitavam à saúde de pessoas, não permitindo isentar os serviços prestados por veterinários.

3) Acórdão de 7 de Setembro de 1999, processo C-216/97, caso *Gregg*, Colect. p. I-4947:

Neste processo estava em causa a aplicabilidade do disposto nas alíneas b) e g) do n.º 1 da parte A) do artigo 13.º a uma *partnership* irlandesa, constituída por duas pessoas singulares, que se dedicava à prestação de cuidados médicos e à prestação de serviços estreitamente relacionados com a assistência social, nomeadamente a exploração de um centro para a terceira idade.

A matéria controvertida respeitava exclusivamente ao elemento subjectivo da isenção, tendo a decisão contrariado, em boa parte, o que havia sido afirmado e decidido pelo TJCE no seu acórdão de 11 de Agosto de 1995 (processo C-453/93, caso *Bulthuis-Griffioen*, Colect. p. I-2341)[39]. Com efeito, naquela anterior decisão o Tribunal havia entendido que as normas de isenção que se referem a estabelecimentos ou a organismos só abrangeriam as pessoas colectivas, deixando de fora do benefício da isenção as pessoas singulares.

No acórdão agora em apreço, porém, o TJCE entendeu, sem prejuízo da interpretação estrita dos preceitos em causa, que o princípio da neutralidade se oporia a que as expressões "*outros estabelecimentos da mesma natureza devidamente reconhecidos*" e "*outros organismos reconhecidos de carácter social pelo Estado membro em causa*", constantes

---

[39] Pode ser visto apontamento sobre este acórdão *infra*, no n.º 1.4. deste capítulo II.

das mencionadas alíneas b) e g), excluíssem o benefício da isenção às pessoas singulares que explorem uma empresa[40].

4) Acórdão de 14 de Setembro de 2000, processo C-384/98, caso *D.*, Colect. p. I-6795:

Neste seu acórdão de 14 de Setembro de 2000, versando sobre a interpretação da alínea c) do n.º 1 da parte A) do artigo 13.º da Sexta Directiva, o TJCE caracterizou as prestações de serviços de assistência, referidas nesta disposição, como sendo as intervenções médicas que visem *"diagnosticar, tratar e, na medida do possível, curar as doenças ou anomalias de saúde"*.

Na interpretação deste preceito, o TJCE, invocando vários acórdãos anteriores incidentes sobre a interpretação das isenções previstas no artigo 13.º da Sexta Directiva, voltou a afirmar a necessidade de se recorrer a uma *"interpretação estrita"*, tendo nessa conformidade afastado a aplicação daquela isenção às análises biológicas destinadas a detectar afinidades genéticas entre dois ou mais indivíduos.

As prestações de serviços em causa eram efectuadas por um médico na qualidade de perito judicial, nomeado por um tribunal no âmbito de um processo de investigação da paternidade. O TJCE considerou que não estava presente um objectivo terapêutico, pelo que tal prestação de serviços não se poderia incluir no conceito de *"prestações de serviços de assistência"*, a que se reporta o mencionado preceito.

5) Acórdão de 11 de Janeiro de 2001, processo C-76/99, Comissão//França, Colect. p. I-249:

Nesta acção estava sob sufrágio o não reconhecimento pela legislação francesa de uma isenção de IVA abrangendo as colheitas sanguíneas efectuadas por um laboratório de análises clínicas, quando, após essas colheitas, o sangue fosse remetido para um outro laboratório para que este procedesse às análises sanguíneas.

---

[40] Neste âmbito, ver também as referências feitas no n.º 2.4.2.-a) do capítulo I, *supra*.

Em apreciação neste processo estiveram, assim, actos auxiliares de diagnóstico médico, o que implicou a necessidade de o TJCE se pronunciar sobre o que deve entender-se por operações estreitamente conexas com a assistência médica, tendo centrado a sua atenção na interpretação do disposto na alínea b) do n.º 1 da parte A) do artigo 13.º.

Em lugar de reiterar a sua frequente referência a que uma *"interpretação estrita"* deve prevalecer quando se busca o alcance das isenções previstas no artigo 13.º da Sexta Directiva, o TJCE considerou que a noção de operações "estreitamente conexas" com a hospitalização ou a assistência médica não implica, no entanto, uma interpretação *"particularmente restritiva"*, uma vez que o objectivo da norma é garantir que o acesso a tais serviços não se torne demasiado dispendioso em razão da sua tributação em IVA.

No n.º 24 do acórdão, tendo em conta a finalidade para que as colheitas sanguíneas eram efectuadas, o Tribunal entendeu que, *"quando um profissional de saúde habilitado para o efeito prescreve, com vista à elaboração do seu diagnóstico e com um fim terapêutico, que o seu paciente se sujeite a uma análise, a transmissão da colheita, que logicamente se insere entre o acto de colheita e a análise propriamente dita, deve ser considerada estreitamente conexa com a análise e, por conseguinte, beneficiar de isenção de IVA"*.

O acórdão refere também que o conceito de "operações estreitamente conexas" não exclui a possibilidade de estas se reportarem a actos distintos dos que constituem a operação principal. No entanto, para que uma prestação de serviços distinta possa ser considerada acessória de uma outra, é necessário que essa prestação de serviços não constitua para o cliente um fim em si mesma[41].

6) Acórdão de 10 de Setembro de 2002, processo C-141/00, caso *Kügler*, Colect. p. I-6833:

Este acórdão do TJCE, datado de 10 de Setembro de 2002, versou sobre a interpretação das alíneas c) e g) do n.º 1 da parte A) do artigo 13.º.

---

[41] Semelhante acepção de operações acessórias foi veiculada no acórdão de 22 de Outubro de 1998 (processos C-308/96 e C-94/97, casos *Madgett e Baldwin*, Colect. p. I--6229, n.º 24), e no acórdão de 25 de Fevereiro de 1999 (processo C-349/96, caso *Card Protection Plan*, Colect. p. I-973).

Sob análise, em primeiro lugar, encontrava-se a aplicabilidade daquela alínea c) às pessoas colectivas. O Tribunal salientou que, pese embora a necessária interpretação estrita do preceito, o mesmo não permite estabelecer qualquer distinção quanto à natureza jurídica do prestador dos serviços em causa, desde *"que se trate de prestações de serviços médicas e que estas sejam fornecidas por pessoas que possuam as qualificações profissionais exigidas"*. Sendo assim, o Tribunal considerou que, quer o objectivo de assegurar a redução do custo do acesso aos cuidados médicos, quer o princípio da neutralidade, impunham que não se fizesse qualquer distinção entre pessoas singulares e pessoas colectivas[42].

Em segundo lugar, colocava-se a questão de saber se, para além dos cuidados de saúde com fins terapêuticos, a isenção prevista na alínea c) do n.º 1 da parte A) do artigo 13.º abrangeria os cuidados gerais e as prestações de serviços domiciliárias efectuadas por um sujeito passivo que exercia uma actividade ligada à prestação de cuidados ambulatórios ao domicílio por pessoal qualificado em enfermagem. Neste domínio, o TJCE considerou que apenas podem beneficiar da isenção prevista na mencionada alínea c) as prestações de serviços de assistência, quando ocorridas fora do âmbito hospitalar, se efectuadas no exercício de profissões médicas e paramédicas, para fins de prevenção, de diagnóstico ou de cuidados de saúde, com exclusão das actividades relativas a cuidados gerais e a prestações de economia doméstica.

Tendo-se detido um pouco na distinção entre as situações abrangidas pelas citadas alíneas b) e c) o TJCE afirmou no n.º 35 que *"por oposição ao artigo 13.º, A, n.º 1, alínea b), da Sexta Directiva, que concerne a prestações que compreendem um conjunto de serviços de assistência médica, normalmente efectuadas sem fim lucrativo, em estabelecimentos com objectivos sociais, como a protecção da saúde humana, a alínea c) aplica-se a prestações efectuadas fora de organismos hospitalares e no quadro de uma relação de confiança entre o paciente e o prestador dos serviços, relação que normalmente tem lugar no consultório deste último"*.

No que se refere às prestações de serviços de cuidados gerais e de economia doméstica, consideradas excluídas do âmbito da alínea c) do n.º 1 da parte A) do artigo 13.º, o TJCE entendeu que as mesmas se

---

[42] A acepção de que esta isenção não depende da forma jurídica do sujeito passivo que fornece as prestações de serviços médicos ou paramédicos foi também afirmada, por exemplo, no acórdão de 6 de Novembro de 2003 (processo C-45/01, caso *Dornier--Stiftung*, Colect. p. I-12911, n.º 20).

incluem na isenção prevista na alínea g) do mesmo n.º 1, por se inserirem na noção de prestações de serviços estreitamente conexas com a assistência social[43].

Relativamente àquela alínea g), este acórdão deteve-se ainda na questão da margem de apreciação decorrente da expressão *"organismos reconhecidos de carácter social pelo Estado-membro em causa"*[44].

7) Acórdão de 6 de Novembro de 2003, processo C-45/01, caso *Dornier-Stiftung*, Colect. p. I-12911:

Na situação que deu origem a este acórdão, tratava-se de serviços psicoterapêuticos, prestados por psicólogos legalmente reconhecidos como tal e realizados no quadro dos tratamentos ambulatórios dispensados por uma policlínica detida por uma fundação.

Em resposta às questões suscitadas pelo tribunal de reenvio, o TJCE começou por reafirmar que o facto de se tratar de uma policlínica explorada por uma fundação não seria impeditivo da aplicação da isenção prevista na alínea c) do n.º 1 da parte A) do artigo 13.º, porquanto essa disposição não faz depender a sua aplicação da forma jurídica do sujeito passivo que presta os serviços de assistência aí mencionados.

No entanto, o Tribunal entendeu útil responder também à questão do enquadramento dos serviços prestados por psicoterapeutas no âmbito da alínea b) do n.º 1 da parte A) do artigo 13.º. Sobre o assunto, o TJCE declarou que embora aquela disposição não defina expressamente o que se deve entender por *"operações estreitamente conexas"* com a hospitalização e assistência médica, do seu teor pode depreender-se que não se aplica a prestações que não tenham nenhuma relação com a hospitalização nem com a assistência médico-sanitária recebida pelos destinatários. Só assim não seria se os tratamentos dispensados pelos psicoterapeutas revestissem um carácter acessório relativamente à hospitalização ou à assistência médico-sanitária, de modo a serem considerados operações com elas estreitamente conexas.

No entanto, o TJCE fez incidir também a sua análise na questão de saber se as prestações de serviços de psicoterapeutas seriam de considerar inseridas no conceito de assistência médica a que se referem as alíneas

---

[43] Esta parte do acórdão é desenvolvida no n.º 1.4. deste capítulo II, *infra*.
[44] A propósito desta matéria, ver o n.º 2.4.2.-c) do capítulo I, *supra*.

b) e c) do mencionado n.º 1. Referindo-se àquelas duas alíneas, o TJCE considerou que ambas têm por objectivo tornar mais acessível o recurso dos particulares aos cuidados de saúde, e que a expressão "*prestações de serviços de assistência*", comum a ambas, deve ser interpretada no mesmo sentido. Ou seja, a expressão "*assistência médica*", que figura na alínea b), abrange a totalidade das prestações de serviços de assistência previstas na alínea c). Para tanto, referiu o TJCE no n.º 47 do acórdão, fazendo eco do que afirmara o advogado-geral Stix-Hackl nas suas conclusões de 10 de Dezembro de 2002, que a diferença entre as citadas alíneas não é tanto a natureza dos serviços prestados, mas o lugar onde os mesmos são prestados. Com efeito, abrangidos pela alínea b) são os cuidados de saúde ministrados em estabelecimentos prosseguindo finalidades sociais de protecção da saúde humana, ao passo que a alínea c) se reporta aos cuidados ministrados fora dos estabelecimentos hospitalares, no âmbito de uma relação de confiança entre o paciente e o médico ou paramédico.

Desse modo, e tendo em conta o objectivo de reduzir os custos suportados pelos utentes dos cuidados médicos, refere o acórdão que não deve dar-se uma "*interpretação particularmente restritiva*" do conceito de assistência médica que figura na alínea b) do n.º 1 da parte A) do artigo 13.º. Deve entender-se, portanto, à semelhança do que sucede com a alínea c) do mesmo n.º 1, que a expressão compreende as prestações que têm por objectivo diagnosticar, tratar e, na medida do possível, curar as enfermidades ou anomalias de saúde. Neste conceito, inserem-se os tratamentos dispensados nos estabelecimentos hospitalares, por parte de psicólogos diplomados que visem um fim terapêutico. O Tribunal assinalou, ainda, que a sua interpretação do conceito de assistência médica, constante da referida alínea b), respeita o princípio da neutralidade, e que as prestações paramédicas, como as dispensadas por psicólogos diplomados, estão isentas do IVA independentemente do local em que a sua realização ocorra.

Uma outra questão colocada pelo tribunal de reenvio prendia-se com a autonomia conferida aos Estados membros na citada alínea b), no que respeita ao reconhecimento de que os estabelecimentos hospitalares, os centros de assistência médica e de diagnóstico e outros estabelecimentos da mesma natureza, quando não sejam detidos por organismos de direito público, se encontram a operar em condições sociais análogas às que vigoram para estes organismos. O Tribunal salientou que os requisitos para o reconhecimento são, em princípio, os definidos pela legislação dos Estados membros, e que estes poderiam, inclusivamente, subordinar caso a caso a isenção à observância de uma ou de várias das condições elencadas na alínea a) do n.º 2 da parte A) do artigo 13.º da Sexta Directiva. Apesar disso, o TJCE entendeu que a prerrogativa atribuída aos Estados membros, não implica que o reconhecimento seja obrigatoriamente submetido a um procedimento formal, nem que esse procedimento conste das disposições fiscais. Havendo na legislação interna disposições específicas sobre o reconhecimento como organismo de carácter social, o respeito pelo princípio da igualdade de tratamento entre os diferentes sujeitos passivos deve prevalecer, competindo ao órgão jurisdicional nacional determinar se as condições impostas internamente põem em causa esse princípio, quanto aos operadores que efectuem as mesmas prestações de serviços em situações comparáveis[45].

Por fim, o Tribunal decidiu também que o direito à isenção das prestações de serviços efectuadas nas condições descritas no processo poderia ser invocado por um sujeito passivo para se opor à aplicação de uma norma interna contrária ao disposto nas alíneas b) e c) do n.º 1 da parte A) do artigo 13.º da Sexta Directiva[46].

8) Acórdão de 20 de Novembro de 2003, processo C-212/01, caso *Unterpertinger*, Colect. p. I-13859:

Sob análise no processo em referência estava a questão se saber se a alínea c) do n.º 1 da parte A) do artigo 13.º da Sexta Directiva abrange as prestações de serviços, realizadas por um médico, que consistam em elaborar um relatório pericial sobre o estado de saúde de uma pessoa para aferir do seu direito a receber uma pensão de invalidez, assim como se a circunstância de esses serviços serem solicitados por um órgão judicial ou por uma companhia de seguros tem influência para o caso.

Recorrendo a uma argumentação próxima da já anteriormente desenvolvida, especialmente nos acórdãos de 14 de Setembro de 2000 (processo C-384/98, caso *D.*, Colect. p. I-6795) e de 10 de Setembro de 2002 (processo C-141/00, caso *Kügler*, Colect. p. I-6833), o Tribunal entendeu que os serviços acima referidos não estão abrangidos pela isenção, uma vez que são efectuados com um objectivo diferente do de proteger, incluindo o de manter ou restabelecer a saúde humana, ou seja, não têm

---

[45] A propósito desta matéria, ver o n.º 2.4.2.-c) do capítulo I, *supra*.

[46] Sobre o efeito directo das normas de isenção previstas na Sexta Directiva, ver apontamento constante do n.º 1.5. do capítulo I, *supra*.

uma finalidade preventiva ou terapêutica. A circunstância de as prestações de serviços em causa serem solicitadas por um tribunal ou por uma companhia de seguros em nada altera aquela acepção[47].

9) Acórdão de 20 de Novembro de 2003, processo C-307/01, caso *d'Ambrumenil*, Colect. p. I-13989:

Neste aresto a questão controvertida consistia no enquadramento ou não no âmbito da isenção prevista na alínea c) do n.º 1 da parte A) do artigo 13.º de um conjunto de actividades realizadas no exercício da profissão de médico, a saber:

 i) exames médicos a pedido de entidades patronais ou de companhias de seguros;
 ii) colheitas de sangue ou de outras amostras orgânicas, a fim de detectar vírus, infecções ou outras doenças, a pedido de entidades patronais ou de companhias de seguros;
 iii) emissão de atestados médicos de aptidão para, por exemplo, a realização de uma viagem;
 iv) emissão de atestados médicos no âmbito da atribuição de uma pensão de sangue;
 v) exames médicos de peritagem, com vista à avaliação de danos corporais, para efeitos de responsabilidade civil ou penal;
 vi) elaboração de relatórios na sequência dos exames médicos referidos em v) ou apenas com base em notas médicas, neste último caso sem, contudo, se proceder ao exame médico;
 vii) exames médicos de peritagem relativos a casos de negligência médica, a pedido de quem pretenda interpor uma acção em juízo;
 viii) elaboração de relatórios na sequência dos exames médicos referidos em vii) ou apenas com base em notas médicas, neste último caso sem se proceder ao exame médico.

---

[47] A fundamentação da decisão segue também de perto a expressa em acórdão da mesma data, relativo ao processo C-307/01 (caso *d'Ambrumenil*, Colect. p. I-13989), a qual se menciona de seguida com mais detalhe.

Em resposta, o TJCE considerou que são enquadráveis na isenção prevista na alínea c) do n.º 1 da parte A) do artigo 13.º as prestações de serviços médicas referidas em i), ii) e iii), ou seja, que consistam em proceder a exames médicos ou a colheitas de sangue ou de outras amostras orgânicas a fim de detectar a presença de vírus, infecções ou outras doenças, efectuados a pedido de entidades patronais ou de companhias de seguros, bem como em passar atestados médicos de aptidão, por exemplo, para realizar uma viagem, na condição de que, em todas estas situações, o principal objectivo seja a protecção da saúde das pessoas em causa.

Por outro lado, o Tribunal afirmou não serem abrangidas pela mencionada isenção as prestações de serviços médicas referidas em iv), v), vi), vii) e viii).

Como principal fundamento para a decisão, é mais uma vez apontado que o conceito de "prestações de serviços de assistência" não admite uma interpretação que inclua intervenções médicas efectuadas com uma finalidade diferente da de diagnosticar, tratar e, na medida do possível, curar as doenças ou anomalias de saúde. Dado que o Tribunal também já decidira anteriormente que a expressão deve ser entendida de uma forma relativamente ampla, o referido conceito é susceptível de abranger também a prevenção, incluindo as situações em que, após a realização dos exames ou de outras intervenções médicas com carácter preventivo, se conclui que a pessoa não sofre de qualquer anomalia de saúde.

Em contrapartida, pelo simples facto de se estar perante prestações de serviços efectuadas no âmbito da profissão de médico, tal não permite concluir que as mesmas possam ser isentas do IVA. Para o efeito, o Tribunal salientou não ser aplicável em matéria de isenção do IVA o elenco de actividades médicas previstas na Directiva 93/16/CEE, do Conselho, de 5 de Abril de 1993, já que esta visa facilitar a livre circulação dos médicos e o reconhecimento mútuo dos respectivos diplomas, ao passo que a definição pela Sexta Directiva das actividades isentas do IVA obedece a objectivos diferentes.

Assim, as prestações de serviços que prossigam um objectivo diferente do de proteger a saúde das pessoas, ou de mantê-la ou restabelecê-la, não podem ser abrangidas pela isenção, até porque a sua tributação não é contrária ao objectivo de reduzir o custo dos cuidados de saúde e de tornar estes últimos mais acessíveis aos particulares.

10) Acórdão de 1 de Dezembro de 2005, processos C-394/04 e C-395/04, casos *Athinon-Ygeia*, Colect. p. I-?:

Nos processos em referência esteve em causa a aplicabilidade da isenção prevista na alínea b) do n.º 1 da parte A) do artigo 13.º da Sexta Directiva às seguintes prestações de serviços realizadas no quadro do internamento hospitalar:

i) prestação de serviços de alojamento e de fornecimento de refeições a acompanhantes de pessoas internadas;
ii) prestação de serviços telefónicos e a locação de aparelhos de televisão às pessoas internadas.

Sobre a matéria, o Tribunal começou por salientar, nos n.ᵒˢ 17 a 19 do texto decisório, que a referida alínea b), embora não defina o conceito de *"operações [...] estreitamente conexas"*, não visa prestações que não apresentem qualquer conexão com a hospitalização dos destinatários dessas operações, nem com a assistência médica eventualmente recebida por estes. O referido conceito só admite a sua isenção *"quando forem efectivamente fornecidas como prestações acessórias da hospitalização dos destinatários ou da assistência médica recebida por estes e que constituem a operação principal [... e] resulta da jurisprudência que uma prestação pode ser considerada acessória de uma prestação principal quando constituir, não um fim em si, mas o meio de beneficiar nas melhores condições do serviço principal do prestador"*.

Na perspectiva do Tribunal, exposta no n.º 25 do acórdão, *"só as prestações de serviços que se inscrevem logicamente no quadro do fornecimento dos serviços de hospitalização e de assistência médica e que constituem uma etapa indispensável no processo de prestação desses serviços para atingir as finalidades terapêuticas prosseguidas por estes são susceptíveis de constituir 'operações [...] estreitamente conexas' na acepção dessa disposição"*.

E nos n.ᵒˢ 29 e 30 do acórdão: *"Daí resulta que as prestações de serviços que, à semelhança das que estão em causa nos processos principais, são susceptíveis de melhorar o conforto e o bem-estar das pessoas hospitalizadas, não são, regra geral, susceptíveis de beneficiar da isenção prevista no artigo 13.º, A, n.º 1, alínea b), dessa directiva. Só assim não será se essas prestações revestirem um carácter indispensável para atingir as finalidades terapêuticas prosseguidas pelos serviços de hospitalização e de assistência médica no âmbito dos quais foram fornecidos. [...] Cabe ao órgão jurisdicional de reenvio, tendo em conta todos os elementos concretos dos litígios que lhe foram submetidos e, sendo caso disso, o conteúdo das receitas médicas passadas aos doentes em causa, determinar o carácter indispensável ou não das prestações fornecidas."*

No sentido de reforçar o seu ponto de vista, o Tribunal salientou, ainda, nos n.ºs 33 e 34 do texto decisório, que a solução prefigurada é a que melhor serve o princípio da neutralidade fiscal, relativamente aos prestadores de serviços telefónicos, televisivos, de alojamento e de restauração. Por isso, em conformidade com o disposto na alínea b) do n.º 2 da parte A) do artigo 13.º, as prestações de serviços em apreço devem, de igual modo, ser submetidas a tributação se se destinarem essencialmente a obter receitas suplementares para as entidades prestadoras dos mesmos, aspecto que caberá também ao tribunal de reenvio apreciar.

1.3. Agrupamentos autónomos de pessoas

A alínea f) do n.º 1 da parte A) do artigo 13.º da Sexta Directiva determina a isenção do IVA para *"as prestações de serviços efectuadas por agrupamentos autónomos de pessoas que exerçam uma actividade isenta, ou relativamente à qual não tenham a qualidade de sujeito passivo, tendo em vista prestar aos seus membros os serviços directamente necessários ao exercício dessa actividade, quando os referidos agrupamentos se limitem a exigir dos seus membros o reembolso exacto da parte que lhes corresponde nas despesas comuns, se tal isenção não for susceptível de provocar distorções de concorrência".*

1) Acórdão de 15 de Junho de 1989, processo, 348/87, caso *SUFA*, Colect. p. 1737:

Em apreciação neste processo estava a aplicabilidade da isenção constante da alínea f) do n.º 1 da parte A) do artigo 13.º da Sexta Directiva aos serviços prestados por uma fundação (*SUFA*) a uma outra fundação (*ALN*), relacionados com a implementação prática, por parte da primeira, das lotarias que a segunda estava incumbida de organizar por conta das instituições de carácter social e cultural que a integravam.

Não se oferecendo dúvidas de que a *ALN*, na relação com os respectivos membros, poderia beneficiar da isenção acima mencionada, a questão prejudicial colocada por um tribunal neerlandês versava sobre se também a *SUFA*, na medida em que se limitava a obter o reembolso das despesas efectuadas na realização das prestações de serviços, poderia beneficiar da mesma isenção.

Para além de fazer referência a que as normas de isenção se reportam a *"noções autónomas do direito comunitário"* e de as mesmas deverem ser *"interpretadas restritivamente"*[48], o Tribunal, citando o já dito no seu acórdão de 11 de Julho de 1985[49], salientou que embora seja um facto que das isenções previstas na Sexta Directiva *"aproveitam as actividades que prosseguem certos objectivos, a maior parte das disposições especificam igualmente os operadores económicos que estão autorizados a fornecer as prestações isentas e que as mesmas não são definidas por referência a noções puramente materiais ou funcionais"*.

Uma vez feitas essas considerações, o acórdão decidiu que a isenção acima referida só visa expressamente os agrupamentos autónomos de pessoas que prestam serviços aos seus membros, tal não sendo o caso de uma fundação que presta serviços a uma outra, sem que, no entanto, esta última seja membro da primeira.

2) Acórdão de 20 de Novembro de 2003, processo C-8/01, caso *Taksatorringen*, Colect. p. I-13711:

Em causa neste processo estava o enquadramento em IVA de uma associação – a *Taksatorringen* – constituída por pequenas e médias companhias de seguros, tendo por objecto avaliar os danos causados em veículos automóveis sinistrados. As despesas ligadas à actividade da associação eram repartidas entre os seus membros, de forma que os pagamentos efectuados por cada um deles correspondiam exactamente à sua parte nas despesas comuns.

As questões prejudiciais suscitadas no processo relacionavam-se com a aplicabilidade às prestações de serviços efectuadas pela *Taksatorringen* do disposto na alínea f) do n.º 1 da parte A) ou na alínea a) da parte B) do artigo 13.º.

---

[48] Indo ao encontro do que se diz no n.º 2.5.1. do capítulo I, as conclusões de 20 de Abril de 1989, proferidas no processo pelo advogado-geral Mischo, são mais elucidativas, ao referirem no n.º 11 que *"as isenções, enquanto excepções à regra geral da tributação das actividades económicas, são de interpretação estrita e não devem ir além do que está expressa e claramente previsto"*.

[49] Processo 107/84, Comissão/Países Baixos, Colect. p. 2655.

Quanto a esta última disposição, que isenta certas operações conexas com os seguros, o TJCE considerou que a mesma não se aplica às avaliações de danos efectuadas pela referida associação[50].

Relativamente à mencionada alínea f), estava em apreço, em primeiro lugar, saber se a correspondente isenção pode ser recusada a uma associação que satisfaz os requisitos exigidos na norma, se existir um risco, ainda que hipotético, de essa isenção provocar distorções de concorrência.

Nessa matéria, o Tribunal salientou que, num certo sentido, a presença no mercado de um operador económico destinado a prestar serviços aos seus membros, com a garantia de conservar a clientela formada por estes e a quem está vedada a realização de lucros, representa sempre uma condicionante da actividade das restantes empresas que operem no mesmo mercado. No entanto, dado que o objectivo da norma não é tornar a isenção praticamente inaplicável, deve tal condição ser interpretada no sentido de que é apenas a própria isenção em si mesma, no imediato ou em momento posterior, que não poderá provocar distorções de concorrência, e não a simples circunstância de um agrupamento reunir as restantes condições previstas na disposição em apreço.

Nos n.ºs 63 e 64 do acórdão, conclui-se que sendo certo que "*a expressão 'se tal isenção não for susceptível de provocar distorções de concorrência' não visa apenas as distorções de concorrência que a isenção seria susceptível de provocar de imediato mas também as que poderia provocar no futuro, é, porém, necessário que o risco de a isenção provocar, por si só, distorções de concorrência seja real. [...] Daí decorre que a concessão da isenção de IVA deve ser recusada se existir um risco real de que a mesma possa, por si só, provocar, de imediato ou no futuro, distorções de concorrência.*"

O texto decisório refere também, no seu n.º 68, quando houver dúvidas sobre se essa isenção poderá ulteriormente gerar distorções, que não é incompatível com a alínea f) do n.º 1 da parte A) do artigo 13.º conceder temporariamente a isenção, prolongando-a no tempo enquanto o beneficiário satisfizer as condições da referida disposição.

Por último, afirma-se no n.º 74 do acórdão que "*o facto de as grandes companhias de seguros recorrerem aos seus próprios peritos para efectuarem as avaliações dos danos causados aos veículos automóveis, evitando assim que estas prestações de serviços estejam*

---

[50] Sobre essa parte do acórdão, ver mais detalhes *infra*, no n.º 2.1. deste capítulo II.

sujeitas a IVA, não pode ter uma incidência independente na interpretação das disposições dos artigos 13.º, A, n.º 1, alínea f) e 13.º, B, alínea a), da Sexta Directiva".

1.4. Assistência e segurança sociais

A alínea g) do n.º 1 da parte A) do artigo 13.º da Sexta Directiva estabelece que os Estados membros deverão isentar nas respectivas legislações internas *"as prestações de serviços e as entregas de bens estreitamente conexas com a assistência social e com a segurança social, incluindo as realizadas por centros de terceira idade, por organismos de direito público ou por outros organismos reconhecidos de carácter social pelo Estado-membro em causa"*.

Por sua vez, a alínea h) do mesmo número prevê a isenção de IVA para *"as prestações de serviços e as entregas de bens estreitamente conexas com a protecção da infância e da juventude, efectuadas por organismos de direito público ou por outros organismos reconhecidos de carácter social pelo Estado-membro em causa"*.

Em face do disposto na alínea b) do n.º 2 da mesma parte A) do artigo 13.º, as isenções previstas nas alíneas g) e h) do n.º 1 não abrangem as operações que não sejam indispensáveis à realização das operações isentas ou que, se exercidas em concorrência directa com outros sujeitos passivos submetidos a tributação, se destinem à obtenção de receitas suplementares.

1) Acórdão de 11 de Agosto de 1995, processo C-453/93, caso *Bulthuis-Griffioen*, Colect. p. I-2341:

Neste processo estava em apreço definir se a circunstância de um empresário em nome individual, apesar de cobrar uma importância considerada razoável em relação aos serviços prestados na exploração de um infantário, obter receitas superiores às despesas, seria eventualmente impeditiva de que este pudesse beneficiar de isenção de IVA, por tal se considerar uma *"obtenção sistemática de lucro"*, a que se refere o primeiro travessão da alínea a) do n.º 2 da parte A) do artigo 13.º da Sexta Directiva.

Com o intuito de fornecer ao tribunal de reenvio uma decisão reputada de útil, o TJCE entendeu dever primeiro apurar se uma pessoa singular, ainda que na qualidade de empresário, corresponderia à expressão "organismo" referida na alínea g) do n.º 1 da parte A) do artigo 13.º.

Neste domínio, o TJCE salientou, no que respeita aos operadores económicos beneficiários da isenção prevista na referida alínea g), que a norma se refere expressamente à noção de "organismo", precisão que não consta de outras normas de isenção. Sendo assim, contrariamente ao que sucede quanto a essas outras disposições, a alínea g) só pode ser interpretada como reportando-se a pessoas colectivas, e não a pessoas singulares, incluindo-se nestas últimas os empresários em nome individual[51].

Para tanto, ao reafirmar no n.º 18 do acórdão que as isenções previstas no artigo 13.º se configuram como *"conceitos autónomos de direito comunitário"*, o TJCE adiantou que tal *"deve ser igualmente o caso das condições específicas que são exigidas para beneficiar destas isenções e, em particular, das que se referem à qualidade ou à identidade do operador económico que efectua prestações abrangidas pela isenção"*.

Em face deste critério de índole subjectiva, o Tribunal considerou que ficava prejudicada a necessidade de responder à pergunta colocada pelo tribunal neerlandês, quanto à acepção de "obtenção sistemática de lucro".

Note-se, por último, não se sabe se por tal não vir suscitado pelo tribunal de reenvio ou se por isso ser um dado adquirido na óptica do TJCE, que este não equacionou a hipótese de a isenção de IVA a aplicar aos serviços prestados por um infantário se basear na alínea h) do n.º 1 da parte A) do artigo 13.º, e não na alínea g) da mesma disposição.

2) Acórdão de 7 de Setembro de 1999, processo C-216/97, caso *Gregg*, Colect. p. I-4947:

(Ver apontamentos sobre este acórdão no n.º 2.4.2 do capítulo I e no n.º 1.2. deste capítulo II, *supra*).

---

[51] Esta acepção foi contrariada no acórdão de 7 de Setembro de 1999 (processo C-216/97, caso *Gregg*, Colect. p. I-4947), quanto às actividades empresariais prosseguidas por pessoas singulares.

3) Acórdão de 10 de Setembro de 2002, processo C-141/00, caso *Kügler*, Colect. p. I-6833[52]:

Neste acórdão, para além de outras questões ligadas à aplicação do disposto na alínea c) do n.º 1 da parte A) do artigo 13.º, referidas no lugar próprio, ocorreu o enquadramento no âmbito da alínea g) do mesmo número de certas prestações de serviços efectuadas ao domicílio, não qualificáveis como de assistência médica ou paramédica, no quadro da actividade de uma empresa que consistia na prestação de cuidados ambulatórios por parte de pessoal qualificado em enfermagem.

Nessa matéria, o TJCE referiu no n.º 44 do texto da decisão que *"as prestações de cuidados gerais e de economia doméstica fornecidas por um serviço de cuidados ambulatórios a pessoas em estado de dependência física ou económica (...), estão, em princípio, ligadas à assistência social, de modo que se inserem na noção de 'prestações de serviços [...] estreitamente conexas com a assistência social', referidas na alínea g) desta disposição"*.

Paralelamente, não contendo a legislação interna alemã, à data dos factos descritos no processo, uma completa transposição do conteúdo daquela alínea g), o aresto, após fazer referência às circunstâncias em que pode ocorrer o efeito directo de uma directiva, salientou que a citada alínea indica, de um modo suficientemente preciso e incondicional, as actividades que beneficiam de isenção. E muito embora a mesma disposição dê uma certa margem de manobra aos Estados membros para reconhecerem ou não o carácter social de um organismo, devem tomar--se em consideração os princípios comunitários, em especial o princípio da igualdade de tratamento. Assim, compete aos tribunais nacionais, nomeadamente em face de disposições específicas existentes (sejam elas nacionais ou regionais, legislativas ou administrativas, de carácter fiscal ou relativas à segurança social), apurar da existência de entidades exercendo uma actividade semelhante e em idênticas condições a quem tenha sido reconhecido o direito à isenção em causa.

---

[52] Sobre este acórdão, ver também os apontamentos constantes do n.º 1.5. do capítulo I e do n.º 1.2. deste capítulo II, *supra*.

4) Acórdão de 26 de Maio de 2005, processo C-498/03, caso *Kingcrest*, Colect. p. I-?:

Neste processo discutia-se o enquadramento da actividade da *Kingcrest*, uma sociedade de pessoas, com fins lucrativos, que se dedica à exploração de lares de repouso e de assistência, face às isenções previstas nas alíneas g) e h) do n.º 1 da parte A) do artigo 13.º. A *Kingcrest* não é uma "*charity*", na acepção da legislação do Reino Unido, mas é um estabelecimento privado que prossegue fins sociais, como tal reconhecido e regulamentado pelo Estado.

Dado que a versão em língua inglesa das mencionadas disposições da Sexta Directiva recorrem ao termo "*charitable*" para definir uma das condições de isenção, o qual tem o seu sentido ligado à prossecução de fins não lucrativos, o TJCE frisou que a interpretação daquelas normas deve ter em conta as restantes versões linguísticas.

Nos n.ºs 30 e 31 do acórdão, salienta-se que as alíneas g) e h) visam garantir um tratamento mais favorável, no domínio do IVA, a determinadas prestações de carácter social, destinando-se a reduzir o custo desses serviços e torná-los mais acessíveis aos particulares, pelo que "*o carácter comercial de uma actividade não exclui, no contexto do artigo 13.º, A, da Sexta Directiva, que a mesma apresente carácter de actividade de interesse geral (acórdão de 3 de Abril 2003, Hoffmann, C-144/00, Colect., p. I--2921, n.º 38)*". Mais adiante, no n.º 37 da decisão, afirma-se que "*quando o legislador comunitário quis reservar a concessão das isenções previstas no artigo 13.º, A, n.º 1, da Sexta Directiva a determinadas entidades que não prossigam fins lucrativos, indicou-o de maneira explícita, como resulta das alíneas l), m) e q), desta disposição*".

Só assim não seria, se o legislador nacional tivesse recorrido à prerrogativa prevista no primeiro travessão da alínea a) do n.º 2 da parte A) do artigo 13.º, de impor como condição de aplicação da isenção o tratar-se de um organismo sem finalidade lucrativa, o que não sucedeu. Dado tratar-se de uma condição de adopção facultativa que não foi contemplada na legislação do Reino Unido, o princípio da neutralidade opor--se-ia a que prestações de serviços semelhantes, que estão em concorrência entre si, fossem objecto de tratamento diferenciado (v. em particular os n.ºs 37 a 41 do texto do acórdão).

Nessas circunstâncias, conclui-se no n.º 45 da decisão que "*dado que as recorrentes no processo principal são qualificadas como organismo de carácter social na acepção do artigo 13.º, A, n.º 1, alíneas g) e h), da Sexta Directiva, apesar de prosseguirem fins lucrativos e, portanto, não terem o estatuto de 'charity' nos termos do direito interno, estão abrangidas pelas isenções previstas nesta disposição".*

No que se refere à questão de saber se os Estados membros dispõem de poder discricionário para reconhecer o carácter social de uma entidade, a mesma vem tratada nos n.ᵒˢ 48 a 58 do texto da decisão. Em traços gerais, o Tribunal afirmou, mais uma vez, que compete ao direito interno de cada Estado membro prever as regras de reconhecimento do carácter social de um organismo, devendo, no entanto, ser respeitado o princípio comunitário da igualdade de tratamento. Os Estados membros podem, assim, recorrer a disposições específicas, de âmbito estadual ou regional, legislativas ou administrativas, no domínio do direito fiscal ou da segurança social, para aferir do carácter de interesse geral das actividades de um sujeito passivo, ou atender às circunstâncias em que sujeitos passivos com o mesmo tipo de actividades já obtiveram reconhecimento semelhante. Pode também ser tido em conta, nomeadamente, o facto de o custo das prestações em causa ser eventualmente assumido, em grande parte, por caixas de seguro de doença ou por outros organismos de segurança social[53].

1.5. Educação, ensino e formação profissional

A alínea i) do n.º 1 da parte A) do artigo 13.º da Sexta Directiva determina a isenção do IVA para *"a educação da infância e da juventude, o ensino escolar ou universitário, a formação ou a reciclagem profissional, e bem assim as prestações de serviços e as entregas de bens com elas estreitamente conexas, efectuadas por organismos de direito público prosseguindo o mesmo fim e por outros organismos que o Estado-membro em causa considere prosseguirem fins análogos"*.

Por seu turno, a alínea j) do mesmo número prevê a isenção do IVA para *"as lições dadas, a título pessoal, por docentes, relativas ao ensino escolar ou universitário"*.

À semelhança do que sucede relativamente a outras isenções previstas no n.º 1, a alínea b) do n.º 2 da parte A) do mesmo artigo 13.º determina a exclusão do âmbito destas isenções das transmissões de bens e das prestações de serviços que não sejam indispensáveis à realização das operações isentas, ou que se destinem, no essencial, a obter para o orga-

---

[53] Sobre esta matéria, pode ser visto, com mais detalhe, o n.º 2.4.2.-c) do capítulo I, *supra*.

nismo receitas suplementares mediante a realização de operações efectuadas em concorrência directa com as empresas comerciais sujeitas a IVA.

Acórdão de 20 de Junho de 2002, processo C-287/00, Comissão/ /Alemanha, Colect. p. I-5811:

Em acepção semelhante à que desenvolveu quanto às operações estreitamente conexas com a assistência médica[54], neste acórdão de 20 de Junho de 2002, relativamente ao conteúdo da alínea i) do n.º 1 da parte A) do artigo 13.º, o TJCE afirmou a desnecessidade de recurso a uma *"interpretação estrita"* do preceito, também neste caso em prol de um acesso menos dispendioso aos serviços ligados ao ensino a que se reporta a referida disposição.

Na sua decisão, no entanto, o Tribunal considerou que as prestações de serviços que consistam na realização, a título oneroso, de projectos de investigação por estabelecimentos de ensino superior público não podem ser consideradas estreitamente conexas com o ensino. Para tanto, argumentou que a realização de tais projectos não era indispensável para a formação dos estudantes, visada pelos referidos estabelecimentos de ensino, e que a respectiva tributação não era susceptível de onerar essa formação.

1.6. Organismos de carácter político, sindical, religioso, patriótico, filosófico, filantrópico ou cívico

A alínea k) do n.º 1 da parte A) do artigo 13.º da Sexta Directiva determina a isenção das prestações de serviços em que ocorra *"a colocação de pessoal à disposição, por instituições religiosas ou filosóficas para as actividades referidas nas alíneas b), g), h) e i) e para fins de assistência espiritual"*.

Por sua vez, a alínea l) do mesmo número estabelece que estão isentas do IVA *"as prestações de serviços, e bem assim as entregas de bens com elas estreitamente conexas, fornecidas por organismos sem fins lucrativos, que prossigam objectivos de natureza política, sindical, religiosa, patriótica, filosófica, filantrópica ou cívica, aos respectivos membros no interesse colectivo, mediante uma quotização fixada nos estatutos, se tal isenção não for susceptível de provocar distorções de concorrência"*.

---

[54] Acórdão de 11 de Janeiro de 2001 (processo C-76/99, Comissão/França, Colect. p. I-249).

Em face do disposto na alínea b) do n.º 2 da mesma parte A) do artigo 13.º, a isenção prevista na alínea l) do n.º 1 não abrange as operações que não sejam indispensáveis à realização das operações isentas ou que, se exercidas em concorrência directa com outros sujeitos passivos submetidos a tributação, se destinem à obtenção de receitas suplementares.

1) Acórdão de 12 de Novembro de 1998, processo C-149/97, caso *Institute of Motor Industry*, Colect. p. I-7053:

Neste processo estava em causa saber se uma associação que reunia um grupo de pessoas relativamente heterogéneo, trabalhando todas no sector de comércio automóvel, poderia ser considerada uma organização sindical para efeitos da isenção prevista na alínea l) do n.º 1 da parte A) do artigo 13.º da Sexta Directiva.

O TJCE, no n.º 20 do acórdão, salientou que o termo "sindical", constante da referida norma, se reporta a organizações que tenham por objectivo principal a defesa dos interesses colectivos dos seus membros – quer sejam trabalhadores, empregadores, profissionais liberais ou outros operadores que exercem uma actividade económica – e a representação destes perante terceiros, incluindo, por exemplo, as entidades públicas.

Assim, entendeu o Tribunal, são susceptíveis de beneficiar da isenção quaisquer organismos sem fins lucrativos que visem defender ou representar os interesses colectivos dos seus membros, na medida em que lhes permita disporem de uma voz representativa e de uma força comum nas negociações com terceiros.

2) Acórdão de 21 de Março de 2002, processo C-174/00, caso *Kennemer Golf*, Colect. p. I-3293[55]:

Neste processo estava particularmente em causa a interpretação da alínea m), e não da alínea l) do n.º 1 da parte A) do artigo 13.º. Com relevância, porém, em matéria do disposto na alínea l) encontrava-se o pagamento, por parte dos seus membros, de quotizações anuais a uma

---

[55] Podem ver-se também apontamentos sobre este acórdão no n.º 2.4.2.-b) do capítulo I, *supra* (a propósito do conceito de "organismos sem fins lucrativos"), e no n.º 1.6. deste capítulo, *infra* (a propósito das prestações de serviços ligadas ao desporto e à educação física).

associação desportiva. Na óptica do TJCE, essas quotizações eram susceptíveis de representar a contraprestação dos serviços que a associação prestava, mesmo quanto aos membros que não utilizavam as instalações, ou não as utilizavam regularmente, e que eram obrigados a pagar a quota. A decisão salientou que o pagamento das quotas constituía a contraprestação das prestações de serviços realizadas pelo organismo em causa, consistindo estas na disponibilização pelo organismo, com carácter permanente, das instalações desportivas e das vantagens a elas inerentes, e não em prestações de serviços pontuais efectuadas a pedido dos seus membros.

1.7. Desporto e educação física

Nos termos da alínea m) do n.º 1 da parte A) do artigo 13.º da Sexta Directiva, consideram-se isentas do IVA *"certas prestações de serviços estreitamente conexas com a prática do desporto ou da educação física, efectuadas por organismos sem fins lucrativos a pessoas que praticam o desporto ou a educação física".*

Em face do disposto na alínea b) do n.º 2 da mesma parte A) do artigo 13.º, a isenção prevista na alínea m) do n.º 1 não abrange as operações que não sejam indispensáveis à realização das operações isentas ou que, se exercidas em concorrência directa com outros sujeitos passivos submetidos a tributação, se destinem à obtenção de receitas suplementares.

1) Acórdão de 7 de Maio de 1998, processo C-124/96, Comissão/ /Espanha, Colect. p. I-2501:

Tratava-se de uma acção por incumprimento do direito comunitário, uma vez que a legislação interna espanhola estabelecia, relativamente à isenção prevista na alínea m) do n.º 1 da parte A) do artigo 13.º da Sexta Directiva, que esta só operaria quando as actividades aí previstas fossem realizadas por estabelecimentos desportivos que cobrassem quotas de valor igual ou inferior ao definido na legislação interna.

Conforme já decidido, nomeadamente, no acórdão de 19 de Janeiro de 1982, tirado no processo 8/81 (caso *Becker*, Recueil p. 53, n.º 32), o TJCE salientou que o disposto no proémio do n.º 1 da parte A) do artigo 13.º não se reporta à definição do conteúdo das isenções. O que aí se refere visa apenas *"garantir a aplicação correcta e simples das exone-*

rações previstas e (...) as medidas destinadas a prevenir as fraudes, a evasão fiscal e os eventuais abusos".

No que toca à alínea m) daquele n.º 1, a mesma define que a isenção se refere a prestações de serviços que tenham uma ligação estreita com a prática do desporto ou a educação física, realizadas por organismos sem fins lucrativos.

Para delimitar o âmbito subjectivo da isenção, considerou o Tribunal que a Espanha não poderia definir que a isenção só abrangia os organismos privados de carácter social que cobrassem quotas de admissão ou quotas periódicas iguais ou inferiores a determinados montantes.

A aplicação da isenção em função do montante da quota cobrada poderia levar a que se excluíssem da isenção organismos sem finalidade lucrativa e, ao mesmo tempo, vir a isentar outros que prosseguem fins lucrativos.

Os critérios de determinação do fim não lucrativo de um organismo vêm definidos no n.º 2 da parte A) do artigo 13.º, não podendo um Estado membro utilizar outros. Segundo o acórdão, a definição de um montante máximo para as quotas cobradas não se pode sequer considerar que resulte da noção de preços homologados pela Administração Pública, a que se refere o terceiro travessão da alínea a) daquele n.º 2.

2) Acórdão de 18 de Janeiro de 2001, processo C-150/99, caso *Lindöpark*, Colect. p. I-493:

Neste aresto discutiu-se a admissibilidade, face à Sexta Directiva, de o Estado sueco ter isentado de IVA as cedências de terrenos e de outras instalações para a prática desportiva, assim como de equipamentos ou de acessórios para essa prática.

Em causa estava a situação da *Lindöpark*, uma sociedade gestora de um campo de golfe, que realizava operações de cedência do campo a empresas que pretendessem proporcionar a prática do golfe aos empregados ou aos clientes, pretendendo-se apurar se essas operações seriam susceptíveis de ser abrangidas pela isenção prevista na alínea m) do n.º 1 da parte A) ou na alínea b) da parte B) do artigo 13.º.

Quanto àquela alínea m), o TJCE frisou, no n.º 19 do acórdão, que a isenção nela prevista está expressamente limitada às prestações efectuadas por entidades que não prossigam fins lucrativos. Assim, as referidas prestações de serviços, sendo efectuadas por uma empresa que vise fins lucrativos, não estão em condições de beneficiar da isenção constante da alínea m) do n.º 1 da parte A) do artigo 13.º da Sexta Directiva.

Seguidamente, o TJCE apreciou a eventual subsunção das operações da *Lindöpark* na isenção prevista na alínea b) da parte B) do artigo 13.º, tendo igualmente concluído que, em princípio, aquela norma de isenção não poderia ser aplicável, em virtude de a colocação à disposição de um campo para a prática do golfe implicar um conjunto de tarefas que extravasa a mera locação de um bem imóvel[56].

Em resposta a outras duas questões prejudiciais que lhe foram colocadas, o Tribunal decidiu, em primeiro lugar, que as citadas disposições da Sexta Directiva poderiam ser objecto de aplicação directa ao caso da *Lindöpark*, uma vez que as normas em causa são suficientemente claras, precisas e incondicionais[57]. Por outro lado, entendeu o Tribunal, para efeitos de a empresa invocar retroactivamente um eventual direito de crédito por não lhe ter sido conferido o direito à dedução durante o período em que a sua actividade foi considerada isenta, que o incumprimento, por parte do Estado sueco, das referidas normas da Sexta Directiva constituía uma violação caracterizada do direito comunitário, susceptível de implicar a responsabilidade do Estado membro.

3) Acórdão de 21 de Março de 2002, processo C-174/00, caso *Kennemer Golf*, Colect. p. I-3293:

Neste aresto esteve particularmente em evidência o âmbito da expressão "organismos sem fins lucrativos", constante, nomeadamente, da alínea m) do n.º 1 da parte A) do artigo 13.º[58].

A decisão refere também que o pagamento, por parte dos seus membros, de quotizações anuais a uma associação desportiva é susceptível de representar a contraprestação dos serviços que esta presta, mesmo quando os membros que não utilizam de todo as instalações, ou não as utilizam regularmente, são obrigados a pagar essa quota[59].

---

[56] Sobre este trecho do acórdão, ver apontamento mais detalhado no n.º 2.2.1. deste capítulo II, *infra*.

[57] Sobre esta matéria, ver o n.º 1.5. do capítulo I, *supra*.

[58] Sobre a matéria, ver a referência a este acórdão no n.º 2.4.2.-b) do capítulo I, *supra*, a propósito de organismos sem finalidade lucrativa.

[59] Pode ser visto um apontamento sobre esse excerto do acórdão, *supra*, no n.º 1.6. deste capítulo II.

1.8. Serviços culturais

Nos termos da alínea n) do n.º 1 da parte A) do artigo 13.º da Sexta Directiva, devem ser isentas do IVA *"certas prestações de serviços culturais, e bem assim as entregas de bens com elas estreitamente conexas, efectuadas por organismos de direito público ou por outros organismos culturais reconhecidos pelo Estado membro em causa"*.

Em face do disposto na alínea b) do n.º 2 da mesma parte A) do artigo 13.º, a isenção prevista na alínea n) do n.º 1 não abrange as operações que não sejam indispensáveis à realização das operações isentas ou que, se exercidas em concorrência directa com outros sujeitos passivos submetidos a tributação, se destinem à obtenção de receitas suplementares.

1) Acórdão de 7 de Março de 2002, processo C-169/00, Comissão/ /Finlândia, Colect. p. I-2433:

(Ver apontamento sobre este acórdão no n.º 3 do capítulo III, *infra*).

2) Acórdão de 21 de Março de 2002, exarado no processo C-267/ /00, caso *Zoological Society*, Colect. p. I-3353:

Este acórdão detém-se exclusivamente sobre o disposto no segundo travessão da alínea a) do n.º 2 da parte A) do artigo 13.º da Sexta Directiva[60].

Digno aqui de registo, no entanto, é a circunstância de dele se poder induzir o enquadramento da actividade exercida por um jardim zoológico no âmbito dos serviços culturais, a que se reporta a alínea n) do n.º 1 daquela mesma parte A).

3) Acórdão de 3 de Abril de 2003, processo C-144/00, caso *Mathias Hoffmann*, Colect. p. I-2921:

No processo em referência estava em causa determinar se a isenção prevista na alínea n) do n.º 1 da parte A) do artigo 13.º, ao referir-se a

---

[60] Sobre a matéria, pode ser vista a referência a este acórdão no n.º 2.4.2.-b) do capítulo I, *supra*.

organismos culturais, é susceptível de abranger também os músicos solistas, actuando individualmente, e, em caso afirmativo, se a exigência de que se tratem de actividades de interesse geral comporta limitações para os músicos que actuem principalmente com objectivos comerciais.

Relativamente ao primeiro aspecto, a decisão entendeu que o princípio da neutralidade se oporia a que os artistas actuando individualmente, uma vez reconhecido o carácter cultural das respectivas prestações, não pudessem ser considerados isentos da mesma forma que os artistas actuando em grupo. Desse modo, o TJCE afirmou que a expressão *"outros organismos culturais reconhecidos"* deve ser entendida de uma forma suficientemente ampla para não excluir os músicos solistas que se apresentem a título individual.

Quanto à segunda questão, a decisão pendeu no sentido de que a epígrafe da parte A) do artigo 13.º (*"Isenções em benefício de certas actividades de interesse geral"*) não implica restrições ao conteúdo das normas de isenção nela previstas. O carácter comercial da actividade não limita, por si só, a aplicabilidade da isenção, na medida em que um Estado membro não tenha recorrido ao disposto na alínea a) do n.º 2 da mesma parte A) do artigo 13.º para impor limitações dessa natureza.

2. OUTRAS ISENÇÕES PREVISTAS NO ARTIGO 13.º DA SEXTA DIRECTIVA

As decisões a seguir elencadas respeitam às normas de isenção que, sob a epígrafe "Outras isenções", vêm previstas na parte B) do artigo 13.º da Sexta Directiva[61].

2.1. Seguros

Na alínea a) da parte B) do artigo 13.º da Sexta Directiva determina-se que os Estados membros isentem as seguintes operações:

---

[61] Nenhum dos acórdãos citados versa, no entanto, sobre a isenção estabelecida na alínea e) dessa parte B), relativa à transmissão de selos de correio, selos fiscais e outros valores similares.

"As operações de seguro e de resseguro, incluindo as prestações de serviços relacionadas com essas operações efectuadas por corretores e intermediários de seguros".

1) Acórdão de 25 de Fevereiro de 1999, processo C-349/96, caso *Card Protection Plan*, Colect. p. I-973:

Neste acórdão, o Tribunal considerou abrangidos pela isenção prevista na alínea a) da parte B) do artigo 13.º da Sexta Directiva os serviços efectuados pela *CPP*, consistindo estes na prestação aos seus clientes, no quadro de um seguro colectivo em que aquela entidade assume a qualidade de tomador do seguro, uma cobertura de seguro relativamente ao extravio ou furto de certos objectos, recorrendo para efeito a uma empresa seguradora que assume o risco coberto. No quadro da relação estabelecida entre segurados, empresa seguradora e *CPP*, esta última oferecia aos primeiros, em nome e por conta própria, mediante retribuição, uma cobertura de seguro, recorrendo para o efeito a uma empresa seguradora.

Embora a *CPP* não assumisse a qualidade de empresa seguradora, o TJCE definiu que a isenção estabelecida na alínea a) da parte B do artigo 13.º da Sexta Directiva não permite distinguir entre a prossecução de uma actividade seguradora que se encontra devidamente licenciada e outra não devidamente licenciada. O princípio da neutralidade opor-se-ia, nestas circunstâncias, a um tratamento diferente entre actividades lícitas e ilícitas, conforme já fora decidido, por exemplo, no acórdão de 11 de Junho de 1998, extraído no processo C-283/95 (caso *Fischer*, Colect. p. I-3369, n.º 22)[62].

Constatando que os conceitos de "operações de seguro" e de "intermediários de seguro" não constam da Sexta Directiva – e que o primeiro não consta também da Directiva 73/239/CEE, do Conselho, de 24 de Julho de 1973[63] – o Tribunal, no n.º 17 do acórdão, seguindo o referido no n.º 34 das conclusões do advogado-geral[64], definiu que *"uma operação de seguro caracteriza-se pelo facto de o segurador, mediante o pagamento de um prémio pelo segurado, se comprometer a fornecer a este último,*

---

[62] Acórdão referenciado *infra*, no n.º 2.5. deste capítulo II.
[63] Relativa à coordenação das disposições legislativas, regulamentares e administrativas respeitantes à actividade de seguro directo não-vida e ao seu exercício.
[64] Conclusões do advogado-geral Fennelly, apresentadas a 11 de Junho de 1998.

em caso de realização do risco coberto, a prestação acordada por ocasião da celebração do contrato". O TJCE frisou também, no número seguinte do acórdão, que a prestação paga pela empresa seguradora não tem necessariamente de ser uma importância em dinheiro, podendo consistir em actividades de assistência, em dinheiro ou em espécie, como vem previsto no anexo da citada Directiva 73/239/CEE, nada autorizando uma interpretação diferente do termo "segurador", consoante figure no texto da directiva relativa aos seguros ou no da Sexta Directiva.

Na óptica do Tribunal, sendo certo que as normas de isenção constantes da Sexta Directiva "*são de interpretação estrita (...), a expressão "operações de seguro" é, em princípio, suficientemente ampla para englobar a concessão de uma cobertura de seguro por um sujeito passivo que não seja o próprio segurador, mas que, no âmbito de um seguro colectivo, fornece aos seus clientes tal cobertura, utilizando as prestações de um segurador que assume o risco seguro*"[65].

Outro aspecto em discussão no processo consistia em saber, no âmbito de um plano de seguro como o que era oferecido pela *CPP* aos seus clientes, quais os critérios que permitiam determinar se prestações compostas por vários elementos devem ser consideradas como uma única operação ou como várias operações distintas[66]. Particularmente em causa estava saber se a operação de seguro propriamente dita e uma operação de registo informatizado dos cartões de crédito dos clientes seriam uma prestação única isenta ou se se tratariam de duas operações independentes. O acórdão considerou que a matéria deveria ser objecto de decisão por parte do tribunal britânico de reenvio, tendo em conta os critérios que a seguir se enunciam.

Conforme o TJCE decidira no acórdão de 2 de Maio de 1996 (processo C-231/94, caso *Faaborg-Gelting Linien*, Colect. p. I-2395, n.ºs 12 a 14), em matéria de prestações de serviços de restauração, quando uma operação for constituída por um conjunto de elementos e de actos, devem começar por se tomar em consideração todas as circunstâncias em que se desenvolve essa operação.

No n.º 29 do acórdão o TJCE refere que, "*tendo em conta a dupla circunstância de que decorre do artigo 2.º, n.º 1, da Sexta Directiva que cada prestação de serviços deve normalmente ser considerada distinta e*

---

[65] Respigado do n.º 22 do acórdão.
[66] Esta matéria voltou a ser aflorada no acórdão de 15 de Maio de 2001, processo C-34/99, caso *Primback*, Colect. p. I-3833.

independente e de que a prestação constituída por um único serviço no plano económico não deve ser artificialmente decomposta para não alterar a funcionalidade do sistema do IVA, importa procurar encontrar os elementos característicos da operação em causa para determinar se o sujeito passivo fornece ao consumidor – aqui entendido como consumidor médio – diversas prestações principais distintas ou uma prestação única".
Na perspectiva do TJCE, portanto, o disposto no n.º 1 do artigo 2.º da Sexta Directiva implica, por um lado, que cada uma das operações deve ser considerada distinta e independente das outras. Em contrapartida, as operações que se constituam como um único serviço no plano económico não devem ser artificialmente decompostas.

Nesses termos, deve entender-se estar perante uma prestação única quando, sendo composta por vários elementos, um ou alguns desses elementos se possam considerar a prestação principal, ou quando contenha um ou vários elementos que devam ser considerados prestações acessórias, neste caso partilhando do tratamento fiscal da prestação principal. Por sua vez, *"uma prestação deve ser considerada acessória em relação a uma prestação principal quando não constitua para a clientela um fim em si, mas um meio de beneficiar nas melhores condições do serviço principal do prestador (acórdão de 22 de Outubro de 1998, Madgett e Baldwin, C-308/96 e C-94/97, Colect. p. I-6229, n.º 24)"*[67].

O facto de ser facturado um preço único não reveste importância decisiva, embora possa ser por vezes um factor importante, já que, para proceder a uma separação dos elementos constitutivos de um preço único, deve poder estabelecer-se um critério simples.

2) Acórdão de 8 de Março de 2001, processo C-240/99, caso *Skandia*, Colect. p. I-1951:

Neste processo estava em causa a questão de saber se constituiria uma prestação de serviços de seguro isenta de IVA o compromisso assumido por uma companhia de seguros (*Skändia*), no sentido de exercer a actividade de uma outra companhia de seguros sua filial (detida na totalidade pela primeira), celebrando os contratos de seguro em nome da

---

[67] Semelhante acepção de operação acessória foi veiculada no acórdão de 11 de Janeiro de 2001 (processo C-76/99, Comissão/França, Colect. p. I-249).

filial e não assumindo qualquer risco relativamente a esses contratos, tendo como contrapartida o recebimento de uma remuneração calculada com base nos preços de mercado.

O TJCE considerou que a circunstância de as directivas relativas à actividade seguradora não permitirem a uma empresa do ramo exercer outra actividade comercial, que não seja a actividade de seguro e as operações que dela directamente decorrem, não implica que todas as operações que essa empresa realize constituam, no plano fiscal, operações de seguro em sentido estrito, como são as referidas na alínea a) da parte B) do artigo 13.º da Sexta Directiva.

A decisão salienta, por outro lado, que, contrariamente ao que sucedia no caso *CPP*[68], a Skandia não tinha qualquer relação contratual com os segurados da outra companhia de seguros e não assumia qualquer risco decorrente das actividades de seguro, já que todos os riscos eram assumidos pela segunda.

Ora, caracterizando-se uma operação de seguro pelo facto de o segurador, mediante o pagamento de um prémio pelo segurado, se comprometer a fornecer a este último, em caso de realização do risco coberto, a prestação acordada, constata-se que a identidade do destinatário da prestação tem importância para efeitos da determinação do tipo de serviços abrangido pela isenção.

Acresce que, fazendo a redacção da norma de isenção expressa referência também às prestações de serviços efectuadas por corretores e intermediários de seguro, tal permite corroborar a acepção de que a isenção não abrange todos os tipos de serviços que possam ser prestados entre companhias de seguros, já que, se assim fosse, aquela referência expressa seria desprovida de qualquer efeito útil.

Assim, considerou o TJCE que o compromisso, nas circunstâncias descritas, por parte de uma companhia de seguros, de exercer as actividades de outra companhia de seguros não está abrangido pela isenção prevista na alínea a) da parte B) do artigo 13.º da Sexta Directiva.

3) Acórdão de 20 de Novembro de 2003, processo C-8/01, caso *Taksatorringen*, Colect. p. I-13711:

Sob apreciação neste processo estava o enquadramento em IVA de uma associação – a *Taksatorringen* – constituída por pequenas e médias

---

[68] Acórdão de 25 de Fevereiro de 1999 (processo C-349/96, Colect. p. I-973).

companhias de seguros, tendo por objecto avaliar os danos causados em veículos automóveis sinistrados. As despesas ligadas à actividade da associação eram repartidas entre os seus membros, de forma que os pagamentos efectuados por cada um deles correspondiam exactamente à sua parte nas despesas comuns.

As questões prejudiciais suscitadas no processo relacionavam-se com a aplicabilidade às prestações de serviços efectuadas pela *Taksatorringen* do disposto na alínea f) do n.º 1 da parte A) ou da alínea a) da parte B) do artigo 13.º.

Quanto a esta última disposição, que isenta certas operações conexas com os seguros, o TJCE considerou que a mesma não se aplica às avaliações de danos efectuadas pela referida associação[69].

Para tanto, nos n.ºs 39 e 40, o Tribunal começou por reafirmar que o conceito de "operações de seguro" respeita às operações em que o segurador, mediante o pagamento prévio de um prémio pelo segurado, se compromete a fornecer a este último, em caso de realização do risco coberto, a prestação acordada no momento da celebração do contrato, mas que tal conceito é suficientemente amplo para não abranger apenas as operações realizadas pelas próprias companhias de seguros. No entanto, logo acrescenta, no n.º 41 do acórdão, que a identidade do destinatário da prestação tem importância para efeitos da definição do tipo de serviços visado pela alínea a) da parte B) do artigo 13.º e que tal isenção implica a existência de uma relação contratual entre o prestador do serviço de seguro e a pessoa cujos riscos são cobertos pelo seguro, ou seja, o segurado.

Assim, dado que a *Taksatorringen* não tinha qualquer relação contratual com os segurados, a mencionada isenção não se mostraria aplicável aos serviços de avaliação de danos prestados aos seus membros.

O Tribunal considerou também, no n.º 44 da decisão, que as prestações de serviços efectuadas por aquela associação não se poderiam considerar realizadas por corretores ou intermediários de seguros, já que tal expressão visa unicamente os serviços efectuados por profissionais que estão ligados, quer ao segurador, quer ao segurado, sendo salientado que o corretor não é senão um intermediário.

---

[69] Quanto à análise feita pelo TJCE relativamente à citada alínea f), ver mais detalhes *supra*, no n.º 1.3. deste capítulo II.

4) Acórdão de 29 de Abril de 2004, processo C-308/01, caso *GIL Insurance*, Colect. p. I-4777:

Neste processo esteve em apreço a compatibilidade com o direito comunitário de um imposto sobre prémios de seguros, criado no Reino Unido em 1994, designado *"Insurance Premium Tax (IPT)"*, nomeadamente, face aos artigos 87.º e 88.º do Tratado CE e aos artigos 13.º e 33.º da Sexta Directiva.

Na parte em que se debruçou sobre o disposto na alínea a) da parte B) do artigo 13.º da Sexta Directiva (n.ºs 43 a 47 do acórdão), o TJCE decidiu que, na medida em que o *IPT*, pelas suas características, é um imposto admitido ao abrigo do artigo 33.º da Sexta Directiva, a sua cobrança não é incompatível com a isenção de IVA de que beneficiam os serviços de seguros, ainda que a mesma seja feita a uma taxa idêntica à taxa normal em vigor para efeitos do IVA.

5) Acórdão de 3 de Março de 2005, processo C-472/03, caso *ACMC*, Colect. p. I-?:

Neste processo foi solicitada ao TJCE a interpretação do âmbito da expressão *"prestações de serviços relacionadas com essas operações efectuadas por corretores e intermediários de seguros"*, na acepção da alínea a) da parte B) do artigo 13.º da Sexta Directiva.

A interpretação do sentido dessa expressão tinha em vista apurar o enquadramento em IVA das prestações de serviços realizadas pela *ACMC* a uma companhia de seguros, correspondentes a actividades denominadas de *"back-office"*. Essas actividades consistiam em tratar os pedidos de seguro, avaliar os riscos a segurar, apreciar a necessidade de um exame médico, decidir sobre a aceitação do risco quando se puder dispensar tal exame, proceder à emissão, à gestão e à rescisão das apólices de seguro e a modificações tarifárias e contratuais, receber os prémios, gerir os sinistros, fixar e pagar as comissões de intermediários de seguros e assegurar o acompanhamento dos contactos com estes, tratar dos aspectos relativos ao resseguro e fornecer informações aos tomadores, aos intermediários e a outras entidades, nomeadamente às autoridades fiscais.

Desde logo, o TJCE salientou que tais operações não seriam qualificáveis como operações de seguro, dado que a *ACMC* não mantinha quaisquer relações contratuais com os tomadores dos seguros. Salientou também que as operações realizadas pela *ACMC* não se enquadravam no âmbito da actividade profissional prevista na alínea a) do n.º 1 do artigo 2.º da Directiva 77/92/CEE, do Conselho, de 13 de Dezembro de 1976[70], relativa às medidas destinadas a facilitar o exercício efectivo da liberdade de estabelecimento e da livre prestação de serviços nas actividades de agente e de corretor de seguros, que vigorava à data dos factos. Quanto ao disposto na alínea b) do n.º 1 do artigo 2.º da mesma directiva, embora tenha sido decidido no acórdão de 20 de Novembro de 2003, proferido no processo C-8/01 (caso *Taksatorringen*, Colect. p. I-13711, n.º 45), que a referida disposição inclui o poder de obrigar a seguradora perante o segurado que sofreu um sinistro, não se pode daí inferir que tal seja o critério determinante para o reconhecimento da qualidade de intermediário de seguros.

A qualidade de intermediário de seguros pressupõe um exame do conteúdo das actividades em causa. As características da actividade desempenhada pela *ACMC* apresentam especificidades, como a fixação e o pagamento das comissões de intermediação, o estabelecimento de contactos com os intermediários, a gestão dos aspectos ligados ao resseguro e o fornecimento de informações a várias entidades – tudo funções não incluídas nas actividades de um intermediário de seguros. Em contrapartida, não estão presentes na situação em apreço elementos típicos da função de um intermediário de seguros, como sejam a angariação de clientes e o estabelecimento de relações entre eles e a empresa seguradora (v. em particular os n.ºˢ 35 e 36 do acórdão).

Desse modo, concluiu o TJCE que as operações ditas de "*back--office*" efectuadas pela *ACMC*, que consistem em prestar serviços, mediante remuneração, a uma companhia de seguros, não constituem prestações de serviços relacionadas com operações de seguro efectuadas por corretores ou intermediários de seguros, para efeitos da alínea a) da parte B) do artigo 13.º da Sexta Directiva.

2.2. Locação de bens imóveis

Nos termos da alínea b) da parte B) do artigo 13.º da Sexta Directiva, os Estados membros devem isentar do IVA o seguinte:

---

[70] Esta directiva foi revogada e substituída pela Directiva 2002/92/CE, do Parlamento Europeu e do Conselho, de 9 de Dezembro de 2002, relativa à mediação de seguros, com efeitos a partir de 15 de Janeiro de 2005.

"*A locação de bens imóveis, com excepção:*

1. Das operações de alojamento, tal como são definidas na legislação dos Estados-membros, realizadas no âmbito do sector hoteleiro ou de sectores com funções análogas, incluindo as locações de campos de férias ou de terrenos de campismo;
2. Da locação de áreas destinadas ao estacionamento de veículos;
3. Da locação de equipamento e maquinaria de instalação fixa;
4. Da locação de cofres-fortes.

Os Estados-membros podem prever outras excepções ao âmbito de aplicação desta isenção".

De harmonia com o estabelecido na alínea a) da parte C) do mesmo artigo 13.º, os Estados membros podem conceder aos sujeitos passivos o direito de optar pela tributação relativamente às operações de locação de bens imóveis. De harmonia com o último parágrafo dessa parte C), "*os Estados-membros podem restringir o âmbito do direito de opção e fixarão as regras do seu exercício*".

2.2.1. Locação de imóveis em geral

1) Acórdão de 15 de Dezembro de 1993, processo C-63/92, caso Lubbock Fine, Colect. p. I-6665:

O TJCE entendeu que se encontra abrangido pelo conceito de locação de bens imóveis, decorrente da alínea b) da parte B) do artigo 13.º da Sexta Directiva, a revogação de um contrato de locação, em virtude da renúncia ao arrendamento, mediante compensação, por parte do locatário do imóvel.

Assim, refere-se a dado passo, no n.º 9 do texto da decisão, que "*quando determinada operação, como a locação de um bem imóvel, que seria tributada com base nas rendas pagas, é abrangida por uma isenção prevista na Sexta Directiva, uma modificação desse contrato, como uma revogação mediante compensação, deve ser considerada como sendo também abrangida por essa isenção*".

A faculdade dada pela referida disposição, de os Estados membros estabelecerem exclusões suplementares ao direito à isenção, não lhes outorga a possibilidade de tributarem uma renúncia onerosa ao arrendamento, quando o próprio contrato de arrendamento estiver isento.

2) Acórdão de 3 de Fevereiro de 2000, processo C-12/98, caso *Amengual Far*, Colect. p. I-527:

Nesta decisão esteve em apreço uma disposição da legislação espanhola que submete a tributação em IVA a generalidade das locações de bens imóveis, isentando apenas a locação dos que sejam destinados a habitação.

O TJCE salientou que o último parágrafo da alínea b) da parte B) do artigo 13.º permite aos Estados membros excluir da isenção outras operações para além das expressamente excluídas na mesma disposição, pelo que podem aqueles determinar a tributação da locação de bens imóveis não destinados a habitação.

Desse modo, e atendendo a que uma directiva vincula o Estado membro destinatário apenas quanto ao resultado a alcançar, deixando ao critério daquele a forma e o meio de o fazer, não obsta a que a referida legislação tenha adoptado uma formulação nos termos da qual se sujeita a IVA as locações de bens imóveis e, a título de excepção, se isenta do imposto as locações de bens imóveis destinados à habitação.

3) Acórdão de 12 de Setembro de 2000, processo C-358/97, Comissão/Irlanda, Colect. p. I-6301[71]:

Tratou-se de uma acção de incumprimento pelo facto de a Irlanda não sujeitar a IVA as portagens cobradas naquele país pela utilização de certas pontes e autoestradas. As portagens eram cobradas por entidades privadas, pelo que, face à jurisprudência constante do TJCE, não poderia ser aplicado o regime de não sujeição previsto no n.º 5 do artigo 4.º da Sexta Directiva. A Irlanda, no entanto, alegava que a não tributação derivava de se estar perante uma locação de bens imóveis ("*letting of immovable property*"), isenta ao abrigo da alínea b) da parte B) do seu artigo 13.º.

O Tribunal considerou que a utilização de uma infra-estrutura rodoviária não poderia ser considerada uma locação de imóveis para efeitos da isenção consignada na referida disposição.

---

[71] Sobre questão idêntica versou um outro acórdão proferido na mesma data (processo C-359/97, Comissão/Reino Unido, Colect. p. I-6355).

Para tanto, nos n.ᵒˢ 53 a 57 do acórdão, desenvolveu a seguinte argumentação: *"[...] A este respeito, há a declarar que o texto do artigo 13.º, B, alínea b), da Sexta Directiva não dá qualquer esclarecimento sobre o alcance das expressões 'leasing of immovable property' e 'letting of immovable property'.[...] É certo que o conceito de 'letting of immovable property' na acepção desta disposição é, em certos aspectos, mais amplo que o consagrado em diferentes direitos nacionais. A referida disposição refere, assim, para excluir da isenção, nomeadamente o contrato de hospedagem ('operações de alojamento... no âmbito do sector hoteleiro'), o qual, tendo em conta a preemência dos serviços fornecidos pelo hoteleiro e o controlo que este exerce sobre o gozo do imóvel pelo cliente, não é considerado, em direitos nacionais, um contrato de locação. [...] Para além dos casos especiais expressamente referidos no artigo 13.º, B, alínea b), da Sexta Directiva, o conceito de 'letting of immovable property' deve, no entanto, ser objecto de uma interpretação estrita. Ele constitui com efeito, como foi recordado no n.º 52 do presente acórdão, uma excepção ao regime geral do IVA consagrado nesta directiva. [...] Em consequência, não podem incluir-se neste conceito contratos caracterizados, como no caso vertente, pela ausência, no acordo entre as partes, de consideração da duração do gozo do bem imóvel, que é um elemento essencial do contrato de locação. [...] Com efeito, no caso da colocação à disposição de uma infra-estrutura rodoviária, o que interessa ao utente é a possibilidade que lhe é oferecida de efectuar um determinado percurso de um modo rápido e com maior segurança. A duração da utilização da infra-estrutura rodoviária não é tida em conta pelas partes, no que respeita à determinação do preço."*

4) Acórdão de 18 de Janeiro de 2001, processo C-150/99, caso *Lindöpark*, Colect. p. I-493:

Em apreço esteve a possibilidade de a legislação sueca ter, durante um período de tempo, previsto uma isenção genérica das cedências de terrenos e de outras instalações para a prática desportiva, assim como de equipamentos ou de acessórios para essa prática.

A *Lindöpark*, uma sociedade gestora de um campo de golfe, que realizava operações de cedência do campo a empresas que pretendessem proporcionar a prática do golfe aos empregados ou aos clientes, alegava que essas operações não poderiam beneficiar da isenção do IVA, quer face ao disposto na alínea m) do n.º 1 da parte A), quer nos termos da alínea b) da parte B), ambas do artigo 13.º da Sexta Directiva.

Sobre o primeiro caso, o TJCE considerou, no n.º 19 do acórdão, que a isenção está expressamente limitada às prestações efectuadas por entidades que não prossigam fins lucrativos, pelo que, quando efectuadas por uma empresa que vise fins lucrativos, não estão em condições de beneficiar da isenção constante da referida alínea m)[72].

Seguidamente, o TJCE pronunciou-se sobre a possibilidade de aplicação às operações da *Lindöpark* da isenção prevista na alínea b) da parte B) do artigo 13.º, que versa sobre a locação de bens imóveis.

Sobre a matéria, o Tribunal começou por salientar, no n.º 22 do acórdão, que *"não é de pôr de parte que, em circunstâncias particulares, a cedência de locais para a prática do desporto ou da educação física possa constituir uma locação de um bem imóvel e entrar assim no âmbito de aplicação da isenção prevista no artigo 13.º, B, alínea b), da Sexta Directiva. Contudo, a regulamentação [sueca] não tem em vista esse caso especial, antes isentando de modo genérico o conjunto das prestações ligadas à prática do desporto e da educação física, sem distinguir, de entre estas operações, as que constituem locação de bens imóveis e as restantes prestações. Ao proceder assim, introduz uma nova categoria de isenções, não prevista na Sexta Directiva."*

A título de aditamento, no sentido de contribuir para uma adequada apreciação da questão por parte do órgão jurisdicional de reenvio, o TJCE referiu ainda, nos n.ºs 26 e 27 da decisão, que *"a actividade de gestão de um terreno de golfe implica em geral não apenas a colocação passiva do terreno à disposição mas igualmente um grande número de actividades comerciais, como a supervisão, a gestão e a manutenção constante por parte do prestador, a colocação à disposição de outras instalações, etc. Não se verificando circunstâncias absolutamente especiais, a locação do terreno de golfe não pode, por isso, constituir a prestação preponderante. [...] Por último, há que tomar em consideração de que a colocação à disposição de um terreno de golfe pode normalmente ser limitada quanto ao seu objecto assim como quanto à duração do período de utilização. A este respeito, resulta da jurisprudência do Tribunal de Justiça que a duração do gozo do bem imóvel é um elemento essencial do contrato de locação"*.

Em resposta a outras duas questões prejudiciais que lhe foram colocadas, o Tribunal decidiu, em primeiro lugar, que as citadas disposições

---

[72] Ver apontamento mais detalhado sobre esta vertente do acórdão, *supra*, no n.º 1.7. deste capítulo II.

da Sexta Directiva poderiam ser objecto de aplicação directa ao caso da *Lindöpark*, uma vez que as normas em causa são suficientemente claras, precisas e incondicionais[73]. Por outro lado, entendeu o Tribunal, para efeitos de a empresa invocar retroactivamente um eventual direito de crédito por não lhe ter sido conferido o direito à dedução durante o período em que a sua actividade foi considerada isenta, que o incumprimento, por parte do Estado sueco, das referidas normas da Sexta Directiva constituía uma violação caracterizada do direito comunitário, susceptível de implicar a responsabilidade do Estado membro.

5) Acórdão de 4 de Outubro de 2001, processo C-326/99, caso *Goed Wonen*, Colect. p. I-6831:

Nos termos da legislação neerlandesa, as operações relacionadas com a constituição, transmissão, modificação, renúncia ou resolução de direitos reais sobre bens imóveis apenas são qualificadas como transmissões de bens se a contraprestação obtida não for inferior ao valor económico do bem imóvel objecto desses direitos. De outro modo, as referidas operações são qualificadas como prestações de serviços. Tal sucedeu no caso descrito neste processo do TJCE, relativamente à constituição de um direito de usufruto sobre um imóvel, em que a administração fiscal neerlandesa procedeu à respectiva qualificação como prestação de serviços e a considerou isenta ao abrigo da alínea b) da parte B) do artigo 13.º.

Tendo sido suscitada perante o TJCE a referida qualificação, este referiu, em primeiro lugar, que os Estados membros são livres de exercer a faculdade de escolha conferida no n.º 3 do artigo 5.º da Sexta Directiva, permitindo-lhes fixar critérios precisos que limitem a equiparação de certos direitos sobre imóveis a transmissões de bens corpóreos. Assim, a condição imposta na legislação neerlandesa não é contrária à Sexta Directiva, permitindo, inclusivamente, a prossecução dos objectivos nela visados "*de garantir uma cobrança real e correcta do IVA*".

Por outro lado, no que concerne à equiparação do usufruto a uma locação de imóveis, para efeitos da isenção prevista na alínea b) da parte B do artigo 13.º, o Tribunal salientou que aquela disposição, conjugada com a parte C) do mesmo artigo, deixa aos Estados membros uma ampla

---

[73] Sobre esta matéria, ver o n.º 1.5. do capítulo I *supra*.

margem de apreciação quanto à isenção ou tributação das operações em causa.

Embora a locação e o usufruto representem diferentes institutos jurídicos, do ponto de vista económico apresentam traços comuns, já que a característica fundamental de ambas as operações consiste em conferir ao destinatário, por um período acordado e em contrapartida de uma remuneração, o direito de ocupar um imóvel como se fosse um proprietário e de excluir qualquer outra pessoa do benefício desse direito. Assim, o princípio da neutralidade e a necessidade de aplicação coerente das disposições da Sexta Directiva, nomeadamente, a aplicação correcta, simples e uniforme das isenções, levam a que se equipare um direito de usufruto como o que vinha descrito no processo principal à locação, para efeitos da alínea b) da parte B) e da alínea a) da parte C) do artigo 13.º. Tal equiparação, salientou ainda o Tribunal, permite evitar que seja abusivamente constituído um direito à dedução do imposto pago a montante relativo a bens imóveis, objectivo que é expressamente visado pelo artigo 13.º da Sexta Directiva.

6) Acórdão de 9 de Outubro de 2001, processo C-108/99, caso *Cantor Fritzgerald*, Colect. p. I-7257:

Em análise neste processo esteve o enquadramento de uma operação que consistiu na aceitação da cessão de um direito ao arrendamento sobre um bem imóvel, mediante o pagamento pelo antigo arrendatário de uma remuneração ao cessionário, tomando este último a posição de arrendatário do imóvel perante o proprietário do mesmo.

Após ter reafirmado o conceito de locação de imóveis, para efeitos da isenção prevista na alínea b) da parte B) do artigo 13.º da Sexta Directiva, como consistindo, no essencial, em o proprietário de um imóvel ceder ao locatário, contra uma renda e por um prazo convencionado, o direito de ocupar o imóvel e dele excluir outras pessoas, o Tribunal considerou que a operação analisada no processo não preenchia essas condições. Pelo contrário, afirmou o TJCE, foi o novo arrendatário que, aceitando assumir os direitos e obrigações decorrentes do arrendamento existente, prestou um serviço ao anterior arrendatário. Este último, por sua vez, não prestou nenhum serviço ao novo arrendatário, já que se limitou ao pagamento da contrapartida devida pela prestação de serviços do novo arrendatário, contrapartida essa que, enquanto tal, não se encontra sujeita a IVA.

Por outro lado, o Tribunal entendeu também que a situação em apreço nada tinha a ver com a decidida através do acórdão de 15 de Dezembro de 1993, tirado no processo C-63/92 (caso *Lubbock Fine*, Colect. p. I-6665), já que nesse acórdão o arrendatário, por via da renúncia ao seu direito, *"colocara o imóvel à disposição do seu proprietário e, em consequência, no plano fiscal, retrocedera o direito de o ocupar"*. Nos n.ᵒˢ 32 e 33 do acórdão, o Tribunal salientou que não se justifica que a disposição em causa *"seja interpretada no sentido de ser igualmente aplicável a uma prestação de serviços que não comporte a cessão do direito de ocupação de um imóvel. [...] Tal interpretação seria contrária aos objectivos do sistema do IVA de garantir a segurança jurídica e a correcta e simples aplicação das isenções do artigo 13.º da Sexta Directiva. A este respeito, recorde-se que, para facilitar os actos inerentes à aplicação do IVA, há que tomar em consideração, salvo em casos excepcionais, a natureza objectiva da operação em causa (v. acórdão de 6 de Abril de 1995, BLP Group, C-4/94, Colect., p. I-983, n.º 24). Um sujeito passivo que, para atingir determinado objectivo económico, possa optar entre operações isentas e operações tributáveis deve, pois, no seu interesse, tomar correctamente a sua decisão, tendo em conta o regime objectivo de IVA (v., neste sentido, acórdão BLP Group, já referido, n.ᵒˢ 25 e 26). O princípio da neutralidade fiscal não implica que um sujeito passivo que tenha a opção entre duas operações possa escolher uma e invocar os efeitos da outra."*

7) Acórdão de 9 de Outubro de 2001, processo C-409/98, caso *Mirror Group*, Colect. p. I-7175:

Em traços gerais, esteve em causa neste processo o enquadramento em IVA do compromisso assumido pela *Mirror Group*, mediante o pagamento de um "prémio" por parte do proprietário de um imóvel, de assumir a qualidade de arrendatária de alguns andares desse imóvel, em virtude de ser considerada como um "arrendatário de prestígio".

O Tribunal referiu, em primeiro lugar, que um locatário que se comprometa exclusivamente, ainda que através de um pagamento efectuado pelo proprietário, a vir a ser locatário e a pagar a renda não fornece, no que se refere a essa actividade, uma prestação de serviços ao proprietário[74].

---

[74] Esta afirmação, constante do n.º 26 do texto do acórdão, não deixa de ser algo surpreendente. Tanto mais que ela é apresentada como sendo o corolário lógico da frase

De imediato, no n.º 27 do acórdão, se salienta, no entanto, o seguinte: *"Pelo contrário, o futuro locatário efectua uma prestação de serviços a título oneroso se o proprietário, considerando que, enquanto locatário de prestígio, a sua presença no imóvel em que se situam os locais arrendados é susceptível de atrair outros locatários, efectuar em seu benefício um pagamento em contrapartida do seu compromisso de transferir as suas actividades para o referido imóvel. Nestas condições, o compromisso assumido por esse locatário pode ser qualificado de prestação de publicidade tributável."*

Afirmando competir ao órgão jurisdicional de reenvio apurar se se verificam as referidas circunstâncias, o TJCE salientou, desde logo, caso a actuação da *Mirror Group* fosse de considerar uma prestação de serviços abrangida pela incidência do IVA, que a mesma não poderia ser considerada uma operação isenta ao abrigo da alínea b) da parte B) do artigo 13.º da Sexta Directiva. Tal conclusão, frisou o Tribunal, resulta de a isenção que abrange a locação de imóveis se reportar a operações em que é o proprietário do imóvel que efectua a prestação de serviços, pagando o locatário uma contrapartida, o que não sucedia no caso em apreço. Não deixando de fazer referência à decisão tomada através do seu acórdão de 15 de Dezembro de 1993, tirado no processo C-63/92 (caso *Lubbock Fine*, Colect. p. I-6665), o TJCE sublinhou que estava em causa uma situação distinta, dado que aquele aresto se pronunciara sobre um caso de renúncia ao arrendamento por parte do locatário, de que resultara a colocação do imóvel à disposição do seu proprietário.

Na parte final do acórdão, correspondendo a uma segunda questão colocada pelo tribunal de reenvio, o TJCE considerou os princípios atrás enunciados, em matéria de incidência e de isenções, como igualmente aplicáveis ao exercício pelo locatário, mediante remuneração paga pelo proprietário do imóvel, do direito de opção do primeiro relativamente ao arrendamento de outros andares do edifício.

---

anterior, na qual vem referido que o simples pagamento por um sujeito passivo de uma contrapartida em dinheiro, devida pelo pagamento de uma prestação de serviços por si obtida, não consiste, ele próprio, numa prestação de serviços. Ora, desta última acepção, que se afigura irrepreensível, não decorre de modo nenhum o ponto de vista contrário, ou seja, de que o sujeito passivo que aufere esse pagamento não realiza qualquer prestação de serviços.

8) Acórdão 16 de Janeiro de 2003, processo C-315/00, caso *Maierhofer*, Colect. p. I-563:

Neste acórdão decidiu-se da inserção na isenção prevista na alínea b) da parte B) do artigo 13.º da locação de uma edificação pré-fabricada, implantada no solo e destinada, no futuro, a ser desmontada e utilizada noutro local.

Segundo as observações apresentadas pelo Estado alemão, a questão não teria razão de ser, em virtude de a referida norma da Sexta Directiva conceder aos Estados membros a possibilidade de definir outras excepções à isenção, para além das expressamente previstas nos vários parágrafos daquela alínea. Desse modo, defendia que a locação de edifícios à base de elementos pré-fabricados poderia ser submetida a tributação, uma vez que as instruções administrativas emanadas da administração fiscal alemão assim o determinavam.

Relativamente a esta alegação, o TJCE entendeu que a possibilidade dada aos Estados membros na referida disposição exigiria, no entanto, que a mesma fosse adoptada na própria legislação interna. Não se tendo tal verificado, as instruções administrativas não poderiam estabelecer uma excepção suplementar às que vêm previstas nos pontos 1 a 4 da alínea b) da parte B) do artigo 13.º.

Passando a analisar as questões de fundo colocadas no processo, o Tribunal começou por salientar que o conceito de locação, a que se reporta a mencionada disposição, não pode depender do adoptado no direito civil de cada Estado membro, devendo a disposição ser interpretada tendo em conta os seus termos, bem como o seu contexto e os objectivos prosseguidos pela regulamentação em que está integrada.

O Tribunal salientou que os edifícios em causa assentavam em suportes de betão edificados numa placa fixada no solo, que não eram facilmente desmontáveis nem deslocáveis, pelo que não se tratavam de bens móveis, mas de bens imóveis. Não se justificaria, na óptica do TJCE, que a definição constante da alínea a) do n.º 3 do artigo 4.º não fosse a adoptada para efeitos da alínea b) da parte B) do artigo 13.º[75].

Tendo sido, igualmente, suscitada a questão de saber se prejudicaria a aplicação da isenção que abrange a locação de imóveis a circunstância de a locação incidir apenas sobre o edifício, e não sobre o terreno da sua

---

[75] O último parágrafo da alínea a) do n.º 3 do artigo 4.º da Sexta Directiva estabelece o seguinte: *"Por edifício entende-se qualquer construção incorporada no terreno."*

implantação, já que o locador construíra o edifício no terreno do locatário, o TJCE considerou que, para que a isenção opere, não é necessário que a locação respeite, simultaneamente, a um edifício e ao terreno em que este está construído.

9) Acórdão de 8 de Maio de 2003, processo C-269/00, caso *Seeling*, Colect. p. I-4101:

Em apreço neste processo estava a aplicabilidade da isenção prevista na alínea b) da parte B) do artigo 13.º à operação tributável decorrente da utilização para fins privados de uma parte de um bem imóvel afecto a uma actividade empresarial.

A questão suscitava-se em resultado da reiterada jurisprudência do TJCE no sentido de que um sujeito passivo do IVA, quando constrói ou adquire um bem de investimento destinado, em parte, à sua actividade empresarial e, noutra parte, aos seus fins privados, pode optar por considerar que ocorreu uma afectação total do bem à sua empresa. Nesse caso, poderá deduzir na totalidade o respectivo IVA, ficando, em contrapartida, obrigado a tributar a utilização privada do bem, nos termos da alínea a) do n.º 2 do artigo 6.º da Sexta Directiva.

Estando em causa no processo principal um bem imóvel afecto na totalidade à actividade de um sujeito passivo, mas que este utilizava em parte para habitação própria, colocava-se a questão de saber, apesar de a utilização privada se constituir como sujeita a IVA, se poderia esta beneficiar da isenção que abrange a locação de bens imóveis.

O TJCE salientou que o conceito de locação de bens imóveis, para efeitos da referida isenção, consiste, no essencial, em o proprietário de um imóvel ceder ao locatário, contra uma renda e por um prazo convencionado, o direito de ocupar o imóvel e dele excluir outras pessoas. Ora, a utilização para fins habitacionais privados de uma parte de um imóvel afecto na totalidade a uma actividade empresarial não reúne essas características. Tal utilização caracteriza-se pela ausência de pagamento de renda e por não resultar de um verdadeiro acordo sobre a duração do gozo do imóvel e sobre o direito de o ocupar e dele excluir outras pessoas.

10) Acórdão de 12 de Junho de 2003, processo C-275/01, caso *Sinclair Collis*, Colect. p. I-5965:

Neste caso esteve sob pronúncia uma situação de cedência, pelo proprietário de um estabelecimento, de um local nele situado para que o proprietário de uma máquina de venda de cigarros pudesse instalar e explorar a máquina. O contrato previa que o direito de instalação e exploração da máquina, por parte do proprietário da mesma, vigorasse por um período de dois anos, obtendo o proprietário do estabelecimento, como contrapartida da cedência do local, uma percentagem dos lucros provenientes da venda.

Analisada a questão de saber se à referida cedência seria aplicável a isenção prevista na alínea b) da parte B) do artigo 13.°, o Tribunal concluiu que, para esse efeito, a operação não poderia ser considerada uma locação de um bem imóvel.

Após ter reiterado o conceito de locação de bens imóveis para efeitos da isenção do IVA, o TJCE salientou que o contrato em causa não tinha por objecto a colocação à disposição de uma superfície ou de um local que concedesse à outra parte *"o direito de o ocupar como se fosse o seu proprietário e de excluir toda e qualquer pessoa do benefício do direito"*. Para corroborar a sua posição, salientou também que o contrato não previa qualquer superfície ou local delimitados com precisão para a colocação das máquinas, e que este local poderia mudar de acordo com as expectativas de venda e com a vontade das partes. Acrescentou, ainda, que o proprietário das máquinas não tem o direito de controlar ou de limitar o acesso ao local onde se encontram as máquinas, versando o seu direito apenas sobre o acesso às máquinas, e não sobre o acesso à superfície do estabelecimento onde as mesmas se encontram. Em suma, no n.º 30 do acórdão, é dito que *"a ocupação de uma parte da superfície ou de um local nos estabelecimentos comerciais apenas constitui, nos termos do contrato, uma forma de cumprir a prestação que constitui o objecto deste, a saber, garantir o exercício do direito de venda exclusiva de cigarros no estabelecimento pela instalação e manutenção das máquinas de venda automática, em troca de uma percentagem dos lucros"*.

11) Acórdão de 18 de Novembro de 2004, processo C-284/03, caso *Temco Europe*, Colect. p. I-11237:

Trata-se de um acórdão em que esteve particularmente em causa a qualificação como locação de bens imóveis de um contrato celebrado entre empresas de um mesmo grupo económico, em que a empresa proprietária do imóvel o cedera a três outras empresas, a título precário e mediante uma retribuição variável em função da superfície ocupada e de certos consumos efectuados, para estas nele exercerem as respectivas actividades. As partes haviam designado os contratos como de "cessões" de um imóvel. Nos termos dos contratos, estes vigorariam pelo período de duração das actividades das cessionárias, podendo no entanto a empresa cedente determinar, a qualquer momento, a desocupação dos espaços cedidos. As cessionárias também não detinham um direito específico sobre qualquer parte determinada do imóvel.

Para responder à questão que lhe vinha suscitada, o TJCE viu-se na necessidade de desenvolver os vários elementos por si anteriormente apontados relativamente à definição de locação de bens imóveis para efeitos da isenção do IVA.

No que respeita ao elemento relativo à duração da locação, frisou que o mesmo vinha sendo referido no sentido de distinguir a locação de um imóvel, enquanto actividade normalmente passiva e ligada ao decurso de tempo, sem um valor acrescentado significativo, das actividades em que está em causa a prossecução de fins comerciais ou industriais por via da colocação de um conjunto de bens à disposição, como sucedera nos casos de utilização de campos de golfe, de pontes e outras vias rodoviárias e de instalação de máquinas para venda de cigarros. Assim, entendeu o Tribunal nos n.ºs 21 e 22 deste acórdão, *"a própria duração da locação não é, portanto, por si só, o elemento determinante para permitir qualificar um contrato como locação de imóvel na acepção do direito comunitário, ainda que a brevidade da duração do alojamento possa constituir um critério apropriado para distinguir o alojamento hoteleiro da locação de quartos para habitação. [...] De qualquer modo, não é indispensável que essa duração tenha sido fixada aquando da celebração do contrato. Com efeito, há que tomar em consideração a realidade das relações contratuais [...]. Ora, a duração de uma locação pode ser reduzida ou prolongada por comum acordo entre as partes no decurso do cumprimento do contrato."*

Por outro lado, entendeu o Tribunal que a retribuição do locador, quando estritamente ligada à duração da ocupação do bem pelo locatário, é a que melhor reflecte a natureza passiva das operações de locação. No entanto, afirma-se no n.º 23 do aresto, *"daqui não pode inferir-se que uma retribuição que tenha em conta outros elementos imponha que se afaste a qualificação de 'locação de bens imóveis' na acepção do artigo 13.º, B, alínea b), da Sexta Directiva, em especial quando os outros elementos tidos em consideração tenham natureza manifestamente acessória relativamente à retribuição relacionada com o decurso do tempo ou não remunerem uma prestação da simples colocação à disposição do bem".*

Por último, quanto ao direito de o locatário ocupar o imóvel a título exclusivo, afirma-se nos n.ᵒˢ 24 e 25 do acórdão que o mesmo pode ser limitado no contrato celebrado entre um locador e um locatário, podendo não só o locador reservar-se o direito de visitar regularmente o imóvel, como o contrato de locação também prever que determinadas partes do imóvel sejam utilizadas em comum com outros ocupantes, já que nada impede que a ocupação seja exclusiva em relação a quaisquer outras pessoas que não estejam na mesma posição de poder invocar o direito de ocupação do imóvel locado.

Em face destas considerações, concluiu o Tribunal, no n.º 27 do acórdão, competir ao tribunal de reenvio *"verificar se os acordos, tal como são cumpridos, têm essencialmente por objecto uma passiva colocação à disposição de locais ou de superfícies de imóveis em contrapartida de uma retribuição ligada ao decurso de tempo, ou se tais acordos implicam uma prestação de serviço susceptível de ser diferentemente qualificada".*

2.2.2. Operações expressamente excluídas da isenção

a) Alojamento de tipo hoteleiro ou em parques de campismo

1) Acórdão de 3 de Julho de 1997, processo C-60/96, caso Comissão/França, Colect. p. I-3827:

Nesta acção por incumprimento de Estado esteve em causa uma interpretação administrativa francesa sobre o âmbito da isenção que abrange a locação de bens imóveis, nela incluindo, por as considerar locais para habitação, a locação de caravanas, tendas, residências móveis e habitações ligeiras de lazer, quando constituíssem verdadeiras instalações fixas, especialmente preparadas e exclusivamente reservadas à habitação.

Apesar de a França alegar que à data da interposição da acção a correspondente instrução administrativa já havia deixado de vigorar, o texto decisório referiu, no seu n.º 15, que *"resulta de jurisprudência assente do Tribunal de Justiça que a existência de um incumprimento deve ser apreciada em função da situação do Estado-Membro tal como se apresentava no termo do prazo fixado no parecer fundamentado, não sendo as alterações posteriormente ocorridas tomadas em consideração pelo Tribunal (v., nomeadamente, acórdãos de 17 de Setembro de 1996, Comissão/Itália, C-289/94, Colect., p. I-4405, n.º 20, e de 12 de Dezembro de 1996, Comissão/Itália, C-302/95, Colect., p. I-6765, n.º 13)".*

Quanto à questão de fundo, o TJCE considerou que a alínea b) da parte B) do artigo 13.º não permitiria à França isentar do IVA a locação dos bens acima referidos, uma vez que se estaria a tornar extensível a certos bens móveis uma isenção reservada exclusivamente à locação de bens imóveis.

2) Acórdão de 12 de Fevereiro de 1998, processo C-346/95, caso *Blasi*, Colect. p. I-481:

No processo em referência suscitava-se a questão de saber se a legislação interna alemã poderia determinar a tributação de operações inseridas no conceito de alojamento de curta duração, facultado a pessoas que não sejam familiares ou amigos, considerando tais operações como análogas às fornecidas pelo sector hoteleiro. Nesse contexto, a legislação alemã distinguia entre operações tributáveis e operações isentas segundo a duração do alojamento, estando a isenção reservada às situações em que locação ocorre por via da celebração de um contrato de arrendamento por um período superior a seis meses, sem ter em consideração a duração que o contrato venha efectivamente a ter.

O TJCE considerou que a expressão *"sectores com funções análogas [ao sector hoteleiro]"*, presente no ponto 1 da alínea b) da parte B) do artigo 13.º deveria ser interpretada em sentido amplo, dado ter por objectivo garantir que as operações de alojamento temporário análogas às fornecidas no sector hoteleiro, que com elas estão em situação de concorrência potencial, sejam tributadas.

Assim, o Tribunal considerou que a utilização de um critério que considera um arrendamento inferior a seis meses como um fornecimento de alojamento de curta duração equiparável ao alojamento hoteleiro, submetendo-o desse modo a tributação, seria um critério razoável.

O Tribunal salientou, porém, que o órgão jurisdicional nacional deveria apurar a presença de determinados elementos (como a prorrogação automática do contrato de arrendamento) que tendam a demonstrar que a duração constante desse contrato não reflecte a verdadeira intenção das partes, caso em que deverá ser tida em consideração a duração efectiva total do alojamento, em vez da duração prevista no contrato.

b) Locação de áreas para estacionamento de veículos

1) Acórdão de 13 de Julho de 1989, processo 173/88, caso Henriksen, Colect. p. 2763:

Nesta acção prejudicial esteve sob apreciação a questão de saber da aplicabilidade ou não da isenção prevista na alínea b) da parte B) do artigo 13.º da Sexta Directiva na locação de garagens situadas num complexo de garagens, composto por dois imóveis, cada um com doze garagens, que havia sido construído em ligação com um conjunto imobiliário composto por trinta e sete moradias em banda. As garagens eram arrendadas, em parte, a habitantes do conjunto imobiliário e, noutra parte, a pessoas da vizinhança. As garagens eram todas fechadas, separadas umas das outras por uma divisória, cada uma com uma porta de acesso.

O Tribunal considerou que a expressão "*locação de áreas destinadas ao estacionamento de veículos*", constante da excepção à isenção que se encontra prevista no ponto 2 da mencionada alínea b), abrange a locação de quaisquer superfícies ligadas ao estacionamento de veículos, incluindo portanto as garagens fechadas.

No entanto, essa locação de garagens, quando directamente relacionada com uma locação isenta de um imóvel utilizado para outro fim (comercial ou habitacional), deverá ser também isenta. Nesse caso, as duas locações constituem uma única operação económica. Tal sucede quando a área destinada ao estacionamento de veículos e o imóvel destinado a habitação ou comércio fazem parte do mesmo conjunto imobiliário, sendo ambos arrendados ao locatário pelo mesmo proprietário.

O Tribunal decidiu também, relativamente às outras locações de áreas para estacionamento de veículos que não satisfaçam a condição acima referida, que a legislação interna dos Estados membros não pode prever uma isenção para esses casos, já que não estão autorizados a exceptuar da tributação operações económicas expressamente excluídas do âmbito da isenção.

2) Acórdão de 14 de Dezembro de 2000, processo C-446/98, caso *Câmara Municipal do Porto*, Colect. p. I-11435:

Neste processo fora solicitada resposta a um vasto conjunto de questões em torno do disposto na norma de não sujeição contida no n.º 5 do artigo 4.º da Sexta Directiva. Em traços gerais, o Tribunal considerou que a exploração de locais para o estacionamento de veículos, por parte de um organismo público, pode implicar a utilização de prerrogativas de autoridade, como sejam autorizar ou limitar o estacionamento numa via pública ou penalizar o estacionamento para além do tempo autorizado, competindo aos tribunais nacionais verificar se a exploração dos locais de estacionamento é feita ao abrigo de um regime de direito público.

Entre as várias questões suscitadas no processo, assume aqui relevância a questão que consistia em saber se, face ao disposto no quarto parágrafo do n.º 5 do artigo 4.º, a circunstância de a isenção que abrange a locação de bens imóveis excluir expressamente a locação de áreas para estacionamento de veículos impediria também que a locação dessas áreas não pudesse, em caso algum, beneficiar do regime de não sujeição previsto naquele n.º 5. Sobre essa questão, vem salientado no n.º 42 do acórdão que o disposto no quarto parágrafo do n.º 5 do artigo 4.º *"não tem [...] por objecto limitar o benefício da não sujeição ao IVA que resulta do primeiro parágrafo desta disposição, permitindo, pelo contrário, aos Estados membros alargar esse benefício a determinadas actividades exercidas por organismos de direito público que, ainda que sejam exercidas por esses organismos na qualidade de autoridades públicas, podem, no entanto, ser como tal consideradas ao abrigo do quarto parágrafo desta disposição"*. Assim, a circunstância de uma dada operação estar expressamente excluída do âmbito das isenções previstas no artigo 13.º não impede, no caso de essa operação ser exercida no quadro dos poderes de autoridade de uma entidade pública, que a mesma possa ser considerada não sujeita a IVA. Para tal, basta que se verifiquem as condições previstas no primeiro e no segundo parágrafos do n.º 5 do artigo 4.º da Sexta Directiva.

3) Acórdão de 3 de Março de 2005, processo C-428/02, caso *Fonden Marselisborg*, Colect. p. I-?:

Versou este acórdão sobre o enquadramento em IVA da actividade de locação, numa doca portuária, de cabeços para amarração, pranchas flutuantes e pontes flutuantes destinados a embarcações, assim como de lugares em terra para recolha das mesmas.

Após reafirmar o conceito de locação de bens imóveis já definido noutras ocasiões, o Tribunal salientou que na situação sob análise, quer os utilizadores dos lugares na água, quer os utilizadores dos lugares em terra, dispõem do seu uso exclusivo por um período de tempo determinado, pelo que se está perante a locação de um bem.

Por outro lado, quanto a saber se esse bem se considera um bem imóvel, questão que só poderia ser duvidosa quanto aos lugares situados na água, o Tribunal concluiu pela afirmativa, dado que a locação não incidia sobre uma quantidade de água qualquer, mas sobre uma porção determinada da doca, delimitada de forma permanente e que não poderia ser deslocada.

Para efeitos da excepção à isenção prevista no ponto 2 da alínea b) da parte B) do artigo 13.º, o Tribunal entendeu que o termo "veículos", empregue na referida disposição, abrange todos os meios de transporte, incluindo as embarcações. Assim, a locação de lugares, na água ou em terra, para a amarração ou guarda de embarcações situados em docas portuárias subsume-se no conceito de *"locação de áreas destinadas ao estacionamento de veículos"* constante do ponto 2 da alínea b) da parte B) do artigo 13.º, pelo que não lhe é aplicável a isenção prevista no proémio daquela alínea[76].

2.2.3. Renúncia à isenção na locação de imóveis

1) **Acórdão de 21 de Setembro de 1988, processo 50/87, Comissão/ /França, Colect. p. 4797:**

Neste processo esteve sob sufrágio uma limitação do direito à dedução imposta pela legislação francesa, por parte dos sujeitos passivos locadores de imóveis, quando o montante anual da renda auferida fosse inferior a um quinze avos do valor do imóvel.

O TJCE considerou que tal limitação violava o disposto na Sexta Directiva, particularmente o seu artigo 17.º. Para tanto, frisou no n.º 18 do acórdão que a Sexta Directiva *"permite aos Estados-membros, quer isentar essa locação (artigo 13.º, parte B, alínea b)), quer conceder aos*

---

[76] Pode ser vista também referência a este aresto, *infra*, no n.º 1.2. do capítulo IV.

sujeitos passivos o direito de optarem pela tributação (artigo 13.º, parte C, alínea a)). *Nesta última hipótese, que é a do caso em apreço, as empresas que arrendam imóveis, ao exercerem o seu direito de optar pela tributação e na medida em que são sujeitos passivos na acepção do artigo 4.º da directiva, beneficiam do regime de deduções anteriormente referido."*

Salientou, ainda, que o artigo 20.º da Sexta Directiva prevê um regime de ajustamento das deduções, que permitem obviar a situações abusivas como as identificadas pela França. Este país havia alegado a ocorrência de casos de arrendamento com rendas muito baixas, concedidos por autarquias locais a associações de carácter social ou a empresas que se instalam no respectivo território. O n.º 21 do acórdão refere, em determinado trecho, que *"quando, dado o montante da renda, o arrendamento deva ser entendido como uma liberalidade, e não como uma actividade económica na acepção da directiva, a dedução inicialmente feita é objecto de um ajustamento, por um período que pode ir até dez anos"*[77].

2) Acórdão de 3 de Dezembro de 1998, processo C-381/97, caso *Belgocodex*, Colect. p. I-8153:

Através de uma alteração vigente a partir de 1 de Janeiro de 1993, a legislação do IVA belga passou a prever a possibilidade de opção pela tributação das operações de locação de bens imóveis, quando o locatário fosse um sujeito passivo do IVA. As formalidades e os restantes condicionalismos dessa opção foram, no entanto, remetidos para regulamentação posterior, a qual nunca chegou a ser aprovada. Entretanto, em meados de 1994, mas com efeitos desde 1 de Janeiro de 1993, a referida possibilidade de opção pela tributação veio a ser eliminada da legislação.

No processo em referência pretendia-se apurar se, após a adopção de uma medida legislativa no sentido de permitir a opção pela tributação, a legislação belga poderia ter recuado, em face, nomeadamente, do princípio da neutralidade fiscal decorrente do artigo 2.º da Directiva 67//227/CEE, do Conselho, de 11 de Abril de 1967 ("Primeira Directiva").

---

[77] Actualmente, o período de ajustamento relativo a bens imóveis pode ir até vinte anos, conforme estabelece o terceiro parágrafo do n.º 2 do artigo 20.º da Sexta Directiva, na sequência da alteração promovida pela Directiva 95/7/CE, do Conselho, de 10 de Abril de 1995.

O TJCE entendeu que os Estados membros, em resultado do disposto na parte C) do artigo 13.º, gozam de um amplo poder de apreciação sobre se é conveniente ou não instituir um direito de opção pela tributação, sem constrangimentos temporais e sem prejuízo de poderem também, a qualquer momento, revogar a possibilidade concedida.

Acresce que, após a instituição pela Sexta Directiva de um sistema harmonizado de isenções, já não faria sentido invocar excepções a esse sistema com base na Primeira Directiva. Aliás, não se poderia deduzir do princípio da neutralidade nela aflorado, bem como nos quarto e quinto considerandos da Sexta Directiva, que o direito de os sujeitos passivos optarem pela tributação fosse irreversível.

Por outro lado, quanto aos princípios da protecção da confiança legítima e da segurança jurídica, que o Tribunal reafirmou ser necessário ter em consideração, o respeito ou não pelos mesmos na situação em apreço deveria ser avaliada pelo tribunal de reenvio.

3) Acórdão de 8 de Junho de 2000, processo C-396/98, caso *Schoßstraße*, Colect. p. I-4279:

Na situação a que se reporta este acórdão, estava em análise o caso de uma empresa locadora que dera de arrendamento uma parte de um imóvel a uma sociedade financeira, que praticava essencialmente operações isentas de IVA.

A administração fiscal alemã aceitara, inicialmente, embora a título provisório, a dedução pela empresa locadora do IVA suportado relativamente a essa parte do imóvel. Todavia, posteriormente, após analisar a situação, e dado que a possibilidade de renúncia à isenção na locação de bens imóveis havia sido suprimida da legislação alemã, com efeitos a partir de 1 de Janeiro de 1994, a administração fiscal concluiu pela inviabilidade da renúncia e pela consequente impossibilidade de exercício do direito à dedução pela empresa locadora. Por outro lado, a dedução também não era possível ao abrigo de uma disposição transitória da lei alemã, uma vez que a construção do imóvel não havia sido iniciada antes de 11 de Novembro de 1993, data limite prevista na legislação para se poder renunciar à isenção.

O TJCE entendeu conveniente analisar em conjunto as duas questões prejudiciais suscitadas no processo, as quais consistiam em saber se o artigo 17.º da Sexta Directiva deveria ser interpretado no sentido de que o direito de um sujeito passivo deduzir o IVA pago a montante, para a realização de operações de locação, subsiste quando uma alteração legislativa posterior à aquisição dos bens ou dos serviços, mas anterior ao início da operação de locação, suprime o direito de renunciar à isenção, mesmo que a dedução tenha sido inicialmente concedida sob reserva de controle posterior pela administração fiscal.

Sobre a matéria, o acórdão salientou, uma vez confirmado que o sujeito passivo agira de boa fé, que a dedução inicialmente feita o fora ao abrigo de disposição legal que, na altura, ainda permitia o exercício da opção pela tributação e a consequente dedução do imposto a montante.

Tal solução, na óptica do Tribunal, vai ao encontro dos princípios da protecção da confiança legítima e da segurança jurídica, inerentes à ordem jurídica comunitária, não sendo relevante que as deduções tenham sido aceites sob reserva de controle *a posteriori*, uma vez que a possibilidade de a administração fiscal fazer verificações e alterar as liquidações provisórias visa apenas acorrer a situações abusivas ou fraudulentas. Essa possibilidade não poderia, assim, ser estendida ao ponto de ser retirado ao sujeito passivo um direito à dedução que o mesmo já adquirira.

4) Acórdão de 29 de Abril de 2004, processos C-487/01 e C-7/02, casos *Gemeente e Holin Group*, Colect. p. I-5337:

A legislação neerlandesa, inicialmente, permitia a opção pela tributação da generalidade das operações de locação de bens imóveis. No entanto, através de uma lei de alteração entrada em vigor a 29 de Dezembro de 1995, com efeitos desde 31 de Março de 1995 (data em que essa lei foi anunciada através da comunicação social), a opção foi restringida às situações em que o locatário afecta os bens a uma actividade com um direito integral, ou quase integral, à dedução do IVA suportado a montante. As opções pela tributação feitas em data anterior a 31 de Março de 1995 poderiam subsistir até 29 de Dezembro de 1995 ou por mais dez anos, neste último caso desde que o locatário tivesse ocupado o imóvel antes de Abril de 1996 e a renda paga por aquele correspondesse a uma dada percentagem mínima relativamente à despesas de construção.

No processo C-487/01 estava em causa a renúncia à isenção na locação de um campo relvado para a prática desportiva, dado em locação pelo seu proprietário a um clube de hóquei em campo, cujo contrato vigorava desde 1 de Janeiro de 1992. Este clube praticava apenas operações isentas que não conferem o direito à dedução. A administração fiscal neerlandesa entendeu que a partir da vigência da nova lei a operação não era susceptível de opção pela tributação, não permitindo ao proprietário deduzir uma parte do IVA suportado nas despesas para arrelvar o campo.

No processo C-7/02 estava em causa a locação de um complexo de escritórios construído pelo proprietário de um terreno, que este pretendia dar em locação a um banco, com renúncia à isenção do IVA. No entanto, o pedido nesse sentido veio a ser indeferido, dado que a 31 de Março de 1995 o contrato de locação ainda não havia sido celebrado.

Sendo certo que um Estado membro que tenha feito uso da faculdade conferida pela parte C) do artigo 13.º, que dá a possibilidade de os sujeitos passivos optarem pela tributação das operações aí previstas, pode a dada altura suprimir ou reduzir o âmbito dessa opção, uma das questões a decidir no primeiro processo consistia em saber se essa supressão ou redução poderia implicar o ajustamento das deduções efectuadas.

Em primeiro lugar, o TJCE frisou que a determinação de um ajustamento na sequência de uma alteração legislativa ou de qualquer outro evento alheio à vontade do sujeito passivo não está excluído do âmbito dos ajustamentos previstos no n.º 2 do artigo 20.º da Sexta Directiva.

Por outro lado, o TJCE analisou essa questão do ponto de vista dos princípios da protecção da confiança legítima e da segurança jurídica. Para tanto, frisou que, embora a jurisprudência comunitária se oponha, regra geral, a que o alcance temporal de um acto legislativo tenha início em data anterior à da sua publicação, pode assim não ser, a título excepcional, quando a finalidade a atingir o exija e a confiança legítima dos interessados seja devidamente acautelada. A circunstância de a parte C) do artigo 13.º deixar aos Estados membros um amplo critério para tributar ou isentar certas operações leva a que não possa ser considerada imprevisível uma alteração legislativa que suprima uma isenção. O eventual prejuízo sofrido com essa alteração por parte de um locador, que a não previu quando da fixação da renda, não é maior do que o sofrido pelo proprietário que só faça obras posteriormente à alteração da lei, mas que já estivesse obrigado por força do contrato de locação a fazer essas obras.

O TJCE considerou que a obrigatoriedade de efectuar ajustamentos às deduções após a alteração legislativa não punha em causa os princípios acima enunciados. No caso em apreço, refere-se no n.º 81 do acórdão, *"verifica-se que o legislador neerlandês tomou medidas para evitar que os sujeitos passivos fossem surpreendidos pela aplicação da lei no que diz respeito aos ajustamentos ao direito à dedução. Com efeito, em 31 de Março de 1995, um comunicado de imprensa deu conta da alteração legislativa projectada e o legislador previu a passagem de uma locação tributada para uma locação isenta apenas a contar da data em vigor da lei, de forma a dar às partes num contrato de locação um prazo para se concertarem até essa data sobre as consequências que a alteração legislativa implicaria."*

No processo C-7/02, apenso ao anterior, colocava-se questão semelhante. No entanto, analisava-se também a questão da aplicabilidade da norma contida na alínea a) do n.º 7 do artigo 5.º da Sexta Directiva[78]. O Tribunal frisou, nos n.ºs 90 a 94 do texto decisório, que esta disposição da Sexta Directiva visava um fim económico semelhante ao do ajustamento previsto no n.º 2 do artigo 20.º, ou seja, o de *"obrigar um sujeito passivo a pagar os montantes correspondentes às deduções a que não tinha direito. [...] Porém, as modalidades de pagamento são diferentes. Com efeito, enquanto o artigo 5.º, n.º 7, alínea a), da Sexta Directiva pressupõe que o pagamento é efectuado de uma só vez, o artigo 20.º, n.º 2, da mesma directiva prevê, no que diz respeito aos bens de investimento, ajustamentos fraccionados ao longo de vários anos. [...] Quanto ao pagamento de montantes correspondentes a deduções exigido por força de uma alteração legislativa pela qual um Estado Membro suprimiu o direito de optar pela tributação da locação de imóveis, importa notar que essa circunstância não corresponde à hipótese descrita no artigo 5.º, n.º 7, alínea a), da Sexta Directiva. Com efeito, esta disposição tem por objecto a afectação, pelo sujeito passivo, de um bem aos fins da sua empresa e não uma alteração legislativa que suprime o direito de optar pela tributação de uma operação económica em princípio isenta. [...] Daqui se conclui que só o artigo 20.º, n.º 2, da Sexta Directiva, que prevê ajustamentos em caso de alteração do direito à dedução, pode servir de fundamento para se exigir a um sujeito passivo o pagamento dos montantes inicialmente deduzidos sobre um bem de investimento imobiliário objecto de uma locação isenta."*

No que concerne ao respeito pelos princípios da confiança legítima e da segurança jurídica, o TJCE remeteu para os n.ºs 56 a 81 do acórdão, cujo conteúdo foi acima sucintamente referido.

---

[78] Esta disposição refere o seguinte: *"Os Estados-membros podem equiparar a entrega efectuada a título oneroso: [...] A afectação por um sujeito passivo aos fins da própria empresa de um bem produzido, construído, extraído, transformado, comprado ou importado no âmbito da sua empresa, no caso de a aquisição de tal bem a outro sujeito passivo não conferir direito à dedução total do imposto sobre o valor acrescentado."*

5) Acórdão de 9 de Setembro de 2004, processo C-269/03, caso *Kirchberg*, Colect. p. I-8067:

Neste processo esteve em apreciação uma das condições impostas pela lei luxemburguesa para que os sujeitos passivos possam exercer a opção pela tributação nas operações de arrendamento de bens imóveis: a prévia apresentação de uma declaração à administração fiscal em que se manifeste a intenção de optar.

O TJCE começou por sublinhar que a faculdade conferida no segundo parágrafo da parte C) do artigo 13.º é compatível com tal exigência da lei luxemburguesa.

Seguidamente, o Tribunal apreciou a questão de saber se o deferimento do pedido por parte da administração fiscal poderia ser destituído de efeitos retroactivos. No caso em apreço, a locação do imóvel tivera início a 1 de Janeiro de 1993, mas como o pedido só fora feito em data posterior, a administração fiscal só viera a autorizar a opção a partir de 1 de Julho de 1993. Relativamente aos seis meses que antecederam a autorização, a administração não autorizara a dedução, pelo locador, da proporção do IVA correspondente.

O Tribunal entendeu que a não atribuição de efeitos retroactivos em matéria de direito à dedução é uma faculdade de que os Estados membros dispõem, a qual não comporta uma lesão desse direito. Nesse domínio, a decisão sublinha que bastaria o sujeito passivo ter apresentado a declaração de opção no final do mês anterior ao início da locação para que gozasse de um direito à dedução integral do IVA. Dado que não o fez, as consequências retiradas pela administração fiscal luxemburguesa são compatíveis com a mencionada disposição da Sexta Directiva, já que esta, no sentido de garantir que a tributação da locação e o consequente direito à dedução sejam adequadamente exercidos, permite impor certas exigências, designadamente, a apresentação de uma declaração de opção e a obtenção de aprovação dentro de determinados prazos. O facto de os efeitos do procedimento de aprovação não serem retroactivos não é desproporcionado, nem torna esse procedimento desproporcionado.

2.3. Transmissões de bens cuja aquisição ou fabricação não conferiu o direito à dedução

A alínea c) da parte B) do artigo 13.º da Sexta Directiva estabelece que os Estados membros devem isentar *"as entregas de bens afectos exclusivamente a uma actividade isenta por força do presente artigo ou do n.º 3, alínea b) do artigo 28.º, quando esses bens não tenham conferido direito à dedução, e bem assim as entregas de bens cuja aquisição ou afectação tenha sido excluída do direito à dedução nos termos do n.º 6 do artigo 17.º"*[79].

1) Acórdão de 25 de Junho de 1997, processo C-45/95, Comissão/ /Itália, Colect. p. I-3605:

Sob análise estava a transposição para o ordenamento interno italiano do disposto na alínea c) da parte B) do artigo 13.º da Sexta Directiva. A controvérsia respeitava, por um lado, à circunstância de a legislação interna não prever a isenção das transmissões de bens que tivessem sido excluídos do direito à dedução nos termos do n.º 6 do seu artigo 17.º e, por outro, ao facto de a mesma legislação estabelecer, em lugar da isenção, um regime de não sujeição para as transmissões dos bens que tivessem sido afectos exclusivamente a uma actividade isenta.

Como se refere neste aresto, *"na sua primeira parte o artigo 13.º, letra B, alínea c) da Sexta Directiva obriga os Estados-Membros a isentar as entregas de bens afectos exclusivamente a uma actividade isenta por força do mesmo artigo, quando esses bens não tenham conferido um direito à dedução como o previsto na alínea c) do n.º 3 do artigo 17.º"* (n.º 12 do acórdão). Por seu turno, *"na sua parte final (...) obriga os Estados-Membros a isentar as entregas de bens cuja aquisição ou afectação anterior, pelo sujeito passivo, tenha sido excluída do direito à dedução nos termos do n.º 6 do artigo 17.º desta directiva"* (n.º 16 do acórdão).

Assim, no que concerne ao conteúdo da isenção em causa, a mesma reporta-se exclusivamente às transmissões de bens efectuadas nas seguintes circunstâncias:

---

[79] Nas situações em que, em lugar da respectiva transmissão onerosa, o sujeito passivo proceda à transmissão gratuita de um bem da empresa, à afectação desse bem a fins privados ou, em geral, a fins alheios à sua actividade, opera eventualmente a regra de sujeição contida no n.º 6 do artigo 5.º da Sexta Directiva. Saliente-se que no acórdão de 8 de Março de 2001 (processo C-415/98, caso *Backsi*, Colect. p. I-1831, n.º 44) o TJCE considerou que, *"quando o sujeito passivo não tenha sido autorizado a deduzir o IVA residual que incidiu sobre um bem afecto à empresa que foi comprado em segunda mão a quem não é sujeito passivo, este bem deve ser considerado como não tendo dado direito à dedução do IVA na acepção do artigo 5.º, n.º 6, da Sexta Directiva, ficando, portanto, excluída, por força desta disposição a tributação da operação"*.

i) se os bens transmitidos não tiverem conferido, quando da respectiva aquisição ou afectação, direito à dedução da totalidade do IVA suportado, o que sucede, em regra, quando o sujeito passivo transmitente exerça exclusivamente uma actividade isenta do imposto;
ii) se os bens transmitidos não tiverem conferido, em virtude da sua natureza ou do fim a que se destinaram, direito à dedução do IVA suportado na respectiva aquisição ou afectação, o que sucede com os bens que se encontrem excluídos do direito à dedução em aplicação do disposto no n.º 6 do artigo 17.º da Sexta Directiva, nomeadamente por não terem um carácter estritamente profissional.

2) Acórdão de 8 de Dezembro de 2005, processo C-280/04, caso *Jyske Finans*, Colect. p. I-?:

Neste processo, para além da definição do conceito de "sujeito passivo revendedor", para efeitos do regime dos bens em segunda mão previsto no artigo 26.º-A da Sexta Directiva, esteve também em apreço o sentido da norma de isenção prevista na alínea c) da parte B) do artigo 13.º da Sexta Directiva.

Relativamente a este último aspecto, a questão colocada ao TJCE consistia em saber se um Estado membro poderia determinar a tributação, por parte de uma empresa de locação financeira, dos veículos por si vendidos, que adquirira em estado de uso a sujeitos passivos revendedores que haviam aplicado o regime da margem previsto no artigo 26.º da Sexta Directiva. Dado que o IVA liquidado segundo o regime da margem não é expresso na factura, nem é susceptível de conferir o direito à dedução, colocava-se a questão de saber se a empresa locadora, quando mais tarde vendesse os veículos que adquirira nessas condições, poderia aplicar a isenção prevista na alínea c) da parte B) do artigo 13.º.

Sobre esta matéria, o Tribunal entendeu que a isenção não poderia funcionar. A norma refere-se às transmissões relativas a bens que tenham estado excluídos do direito à dedução quando da sua aquisição, mas apenas quando essa exclusão tenha decorrido das regras internas de cada Estado membro, adoptadas ao abrigo do disposto no n.º 6 do artigo 17.º da Sexta Directiva. Assim, no n.º 25 do acórdão, é referido que *"se uma legislação nacional, [...] prevê que as empresas que tenham como actividade o aluguer de veículos a motor possam deduzir o imposto sobre as aquisições destinadas a essa actividade, daí resulta que a aquisição de um veículo por uma empresa dessa natureza não é, nos termos do artigo 13.º, B, alínea c), da Sexta Directiva, objecto de uma exclusão do direito à dedução, de acordo com o artigo 17.º, n.º 6, da referida directiva. A revenda desse veículo não pode, assim, ser vista como fazendo parte das entregas que beneficiam da isenção prevista no referido artigo 13.º, B, alínea c). A circunstância de tal aquisição não ter dado direito à dedução pelo facto de, tal como no processo principal, ter sido feita a revendedores que não puderam, eles próprios, segundo a legislação nacional, deduzir o imposto a montante relativo à sua compra de veículos e, portanto, não declararam o IVA a jusante não tem relevância para efeitos de qualificação dessa aquisição para a aplicação do mesmo artigo 13.º."*

2.4. Operações financeiras

De harmonia com o determinado na alínea d) da parte B) do artigo 13.º, estão isentas do IVA *"as seguintes operações:*

1. *A concessão e a negociação de créditos, e bem assim a gestão de créditos efectuada por parte de quem os concedeu;*
2. *A negociação e a aceitação de compromissos, fianças e outras garantias, e bem assim a gestão de garantias de crédito efectuada por parte de quem concedeu esses créditos;*
3. *As operações, incluindo a negociação[,] relativa[s] a depósitos de fundos, contas-correntes, pagamentos, transferências, créditos, cheques e outros efeitos de comércio, com excepção da cobrança de dívidas;*
4. *As operações, incluindo a negociação, relativas a divisas, papel-moeda e moeda com valor liberatório, com excepção de moedas e notas de colecção; consideram-se de colecção as moedas de ouro, de prata ou de outro metal, e bem assim as notas, que não são normalmente utilizadas pelo seu valor liberatório ou que apresentam um interesse numismático;*
5. *As operações, incluindo a negociação, mas exceptuando a guarda e a gestão, relativas a acções, participações em sociedades ou em associações, obrigações e demais títulos, com exclusão:*
   – dos títulos representativos de mercadorias,
   – dos direitos ou títulos referidos no n.º 3 do artigo 5.º;

6. A gestão de fundos comuns de investimento, tal como são definidos pelos Estados-Membros".

Os Estados membros podem, no entanto, conceder aos sujeitos passivos o direito de opção pela tributação das mencionadas operações, ao abrigo do disposto na alínea b) da parte C) do artigo 13.º. O segundo parágrafo dessa parte C) estabelece que os Estados membros possam restringir o âmbito do direito de opção e fixar as regras do seu exercício.

1) Acórdão de 19 de Janeiro de 1982, processo 8/81, caso *Becker*, Recueil p. 53[80]:

Nesta decisão estava em causa a circunstância de, à data de 1 de Janeiro de 1979, a legislação interna alemã não estabelecer a isenção de IVA nas operações de concessão e negociação de crédito, o que só veio a ocorrer a partir do ano seguinte.

Dado que a partir da referida data a Alemanha se colocou numa situação de incumprimento do disposto no ponto 1 da alínea d) da parte B) do artigo 13.º, um tribunal daquele país suscitou perante o TJCE, a título prejudicial, a questão de saber se aquela isenção de IVA se mostraria directamente aplicável.

Em resposta, o Tribunal considerou que a referida norma da Sexta Directiva é suficientemente precisa e de adopção incondicional, pelo que um Estado membro não poderia invocar perante um particular a não transposição da norma como um factor impeditivo do reconhecimento do direito à dedução.

Rebatendo o argumento de que os Estados membros dispõem de uma significativa margem de manobra na adopção da isenção em apreço, decorrente do teor do proémio da parte B) do artigo 13.º, o acórdão afirmou o posteriormente repetido inúmeras vezes, de que essa frase não visa conferir aos Estados membros a definição do próprio conteúdo das isenções.

Por outro lado, também decaiu o argumento de que os Estados membros poderiam optar por tributar as operações de concessão e negociação de

---

[80] Questão idêntica, e com decisão no mesmo sentido, foi colocada no processo 255/81, caso *Grendel*, a que correspondeu o acórdão de 10 de Junho de 1982 (Recueil p. 2301) e no processo 70/83, caso *Kloppenburg*, que deu azo ao acórdão de 22 de Fevereiro de 1984 (Recueil p. 1075). Ver também apontamento *infra* sobre o acórdão de 14 de Julho de 1988 (processo 207/87, caso *Weissgerber*, Recueil p. 4433).

crédito, por força do estabelecido na alínea b) da parte C) do mesmo artigo, uma vez que, decidindo um Estado membro por prever essa possibilidade na respectiva legislação, a opção pela isenção é uma decisão que incumbe inteiramente ao sujeito passivo, e não à administração fiscal.

Nessa conformidade, e uma vez que o sujeito passivo em questão não tinha aplicado o IVA nas respectivas facturas respeitantes às operações de negociação de crédito em que interviera, o Tribunal reconheceu estarem reunidas as condições para o efeito directo da isenção.

2) Acórdão de 14 de Julho de 1988, processo 207/87, caso *Weissgerber*, Colect. p. 4433:

Neste acórdão – à semelhança das decisões tomadas nos acórdãos de 19 de Janeiro de 1982 (processo 8/81, caso *Becker*, Recueil p. 53), de 10 de Junho de 1982 (processo 255/81, caso *Grendel*, Recueil p. 2301), e de 22 de Fevereiro de 1984 (processo 70/83, caso *Kloppenburg*, Recueil p. 1075) – o TJCE começou por entender que um sujeito passivo que age como intermediário em operações de negociação de crédito pode invocar a isenção constante do ponto 1 da alínea d) da parte B) do artigo 13.º, quando um Estado membro não tenha atempadamente transposto essa isenção para a respectiva legislação interna.

Adicionalmente, o Tribunal foi chamado a especificar mais detalhadamente a condição aflorada naqueles acórdãos de que, para que a isenção nessas circunstâncias operasse, o intermediário teria de se ter abstido de repercutir o imposto. Esta decisão salienta que a isenção só não se mostraria aplicável se o operador económico em causa tivesse repercutido o IVA e o respectivo cliente fosse um sujeito passivo com direito à dedução do imposto pago a montante.

3) Acórdão de 27 de Outubro de 1993, processo C-281/91, caso *Muys'en*, Colect. p. I-5405:

Neste processo estavam em causa as importâncias cobradas por uma empresa neerlandesa de construção civil aos seus clientes, as quais, nos termos gerais dos contratos celebrados, se reportavam ao preço de construção do imóvel, susceptível de pagamento em prestações à medida da realização das obras, e ao preço da transmissão do respectivo terreno, cujo pagamento poderia ocorrer por altura da celebração do contrato, mas que poderia ser feito em prestações juntamente com o preço da construção. Neste último caso, ficava então previsto no contrato o diferimento do pagamento do preço até à data da transmissão da propriedade do terreno e do imóvel nele construído, mediante a condição de o cliente efectuar um depósito de 10% sobre o valor total e de pagar juros relativamente ao montante do pagamento diferido.

Na perspectiva da administração fiscal neerlandesa, a parte relativa aos juros cobrados em relação às prestações vencidas sobre o preço de construção podia beneficiar da isenção prevista no ponto 1 da alínea d) da parte B) do artigo 13.º da Sexta Directiva. Todavia, o mesmo não sucedia em relação à parte dos juros relativa ao preço do terreno vencida na data da entrega da obra, quando tivesse ficado estipulado que o preço só teria de ser pago nessa data.

Relativamente a esta segunda acepção, o assunto foi submetido ao TJCE pelo tribunal holandês que apreciava a matéria, tendo este colocado a questão prejudicial de saber, quando um contrato de compra e venda e de empreitada prevê que o pagamento do terreno deve ser efectuado no momento da celebração do contrato (ou pouco tempo depois), mas prevê igualmente que o cliente possa, mediante o pagamento de juros, diferir o pagamento até ao momento da entrega, se esses juros devem ser considerados remuneração pela concessão de um crédito ou se o montante facturado a título de juros faz parte do pagamento pela entrega do terreno.

Na sua decisão, o TJCE referiu que, em princípio, um fornecedor de bens ou prestador de serviços que autoriza o cliente a diferir o pagamento do preço mediante o pagamento de juros efectua uma concessão de crédito abrangida pela isenção. No entanto, da conjugação do disposto na alínea a) do n.º 1 da parte A) do artigo 11.º e no ponto 1 da alínea d) da parte B) do artigo 13.º, resulta que quando esse diferimento ocorre apenas até ao momento da entrega, deve considerar-se que os correspondentes juros não constituem a remuneração de um crédito, mas sim um elemento da contrapartida recebida pela própria transmissão de bens ou prestação de serviços.

Note-se que, neste processo, a Comissão defendera que o alcance daquele ponto 1 da alínea d) se limitava ao crédito concedido por organismos bancários ou financeiros, tendo o TJCE esclarecido que tal limitação *"não resulta, de modo nenhum, da letra desta disposição"*[81].

---

[81] *Cf.* parte final do n.º 13 do texto decisório. Note-se que o TJCE faz referência à *"letra"* desta disposição, quando, no início do mesmo n.º 13 do acórdão, a versão em

Aduzindo argumentos para esta sua perspectiva, o TJCE referiu, no n.º 14 do acórdão, que o sistema comum decorrente da Sexta Directiva visa garantir aos sujeitos passivos uma igualdade de tratamento, o que seria posto em causa se um adquirente fosse tributado em relação ao crédito concedido pelo fornecedor e um outro adquirente que recorresse ao crédito bancário não o fosse.

4) Acórdão de 11 de Julho de 1996, processo C-306/94, caso *Régie Dauphinoise*, Colect. p. I-3695:

No processo em referência estava especificamente em causa determinar se certos proveitos financeiros, auferidos por uma empresa de administração de bens imóveis, deveriam ou não ser incluídos no denominador para efeitos do cálculo do respectivo *pro rata* de dedução, tendo o TJCE entendido que sim.

Como relevante em matéria de isenções, cabe mencionar que o texto da decisão refere, a dado passo, que os rendimentos provenientes de aplicações financeiras, efectuadas junto de instituições bancárias por uma empresa administradora de condomínios, não resultam da simples propriedade de um bem, mas constituem a contrapartida da colocação de um capital à disposição de terceiros.

Assim, tais aplicações configuram-se como prestações de serviços sujeitas a IVA, muito embora susceptíveis de beneficiar das isenções previstas nos pontos 1 e 3 da alínea d) da parte B) do artigo 13.º da Sexta Directiva.

5) Acórdão de 6 de Fevereiro de 1997, processo C-80/95, caso *Harnas & Helm*, Colect. p. I-745:

Neste processo esteve em causa a sujeição ao IVA dos rendimentos resultantes da aquisição e detenção de obrigações, por parte de uma

---

língua portuguesa menciona que *"as isenções previstas no artigo 13.º são de interpretação restritiva"*. Se é de acordo com a "letra da lei", mais uma vez se constata que a referência a *"interpretação restritiva"* não se afigura a mais adequada, devendo preferir-se as expressões "interpretação estrita" ou "interpretação literal" (sobre esta matéria, ver o n.º 2.5. do capítulo I, *supra*).

entidade que não exercia qualquer outra actividade económica sujeita ao IVA. O TJCE, à semelhança do que entendera relativamente à mera aquisição e aquisição e detenção de participações sociais[82], considerou que a actividade de um detentor de obrigações se define como uma forma de actuação que não ultrapassa a natureza de simples gestão do património. Assim, os rendimentos auferidos não podem ser considerados a contrapartida de uma operação económica praticada pelo detentor das obrigações, decorrendo, ao invés, da simples propriedade dessas obrigações.

Tendo-se pronunciado pela sua não inserção no âmbito de incidência do IVA, o TJCE não se viu na necessidade de abordar a questão da isenção dos mencionados rendimentos. No entanto, como aspecto aqui relevante, cite-se o trecho relativo a essa isenção, constante do n.º 16 do acórdão: *"É certamente possível que as operações referidas no artigo 13.º, parte B, alínea d), ponto 5, da Sexta Directiva se incluam no âmbito de aplicação do IVA quando são efectuadas no quadro de uma actividade comercial de negociação de títulos para realizar uma interferência directa ou indirecta na gestão das sociedades em que se verificou a tomada de participação ou quando constituem o prolongamento directo, permanente e necessário da actividade tributável (v. os acórdãos Polysar Investement Netherlands, já referido, n.º 14; de 20 de Junho de 1996, Wellcome Trust, C-155/94, Colect., p. I-3013, n.º 35; e de 11 de Julho de 1996, Régie Dauphinoise, C-306/94, Colect., p. I-3695, n.º 18)."* Complementarmente, vem afirmado no n.º 19 do texto da decisão: *"Não há, assim, razão para tratar diferentemente a detenção de obrigações e a detenção de participações. É por essa razão que se refere, no ponto 5 da alínea d) da parte B do artigo 13.º, que tanto as acções como as obrigações beneficiam de uma isenção."*

6) Acórdão de 5 de Junho de 1997, processo C-2/95, caso *SDC*, Colect. p. I-3017:

Neste aresto esteve em análise um conjunto de questões submetido por um tribunal dinamarquês, versando sobre as isenções previstas nos pontos 3 a 5 da alínea d) da parte B) do artigo 13.º da Sexta Directiva.

---

[82] Neste domínio, citem-se, por exemplo, os acórdãos de 20 de Junho de 1991 (processo C-60/90, caso *Polysar*, Colect. p. I-3111) e de 22 de Junho de 1993 (processo C-333/91, caso *Sofitam*, Colect. p. I-3513).

Conforme o TJCE resumiu no n.º 16 do acórdão, o tribunal de reenvio pretendia fundamentalmente saber se as mencionadas disposições devem ser interpretadas no sentido de que estão isentas de IVA as prestações de serviços fornecidas aos bancos, e aos clientes destes, por parte de um centro informático (*SDC*) criado para servir os interesses comuns dos bancos, contribuindo esses serviços para a execução de operações de transferência, para o aconselhamento em matéria de gestão de títulos e para a gestão de depósitos, gestão de contratos de compra e gestão de créditos, quando tais serviços são no essencial, total ou parcialmente, efectuados por via electrónica.

Uma vez que, através das suas múltiplas questões, o tribunal de reenvio suscitava a necessidade de se proceder à interpretação das mencionadas normas tendo em conta diversos elementos caracterizadores das operações efectuadas pela *SDC*, o TJCE afirmou que competir-lhe-ia abordar os seguintes aspectos:

i) as pessoas que efectuam as operações;
ii) o modo como as operações são efectuadas;
iii) as relações contratuais entre o prestador e os destinatários dos serviços; e
iv) o carácter do serviço fornecido pela *SDC*.

A título preliminar, porém, nos n.ºs 20 a 22, o Tribunal não deixou de fazer breve referência aos critérios interpretativos por si definidos, nomeadamente no que respeita ao entendimento de que as isenções visadas pelo artigo 13.º da Sexta Directiva devem ser *"interpretados estritamente"* e de que constituem *"noções autónomas do direito comunitário"*. Acrescentou ainda, atendendo a que uma análise comparada das diversas versões linguísticas do ponto 3 da alínea d) da parte B) do artigo 13.º revelava divergências terminológicas no que refere à expressão *"operações relativas"*, que não poderia apreciar o alcance da mesma com base numa interpretação exclusivamente textual. Invocando o decidido no acórdão de 13 de Julho de 1989[83], haveria, assim, no intuito de esclarecer o significado da expressão "operações relativas", que *"recorrer ao contexto no qual a expressão se inscreve, tendo em conta a economia da Sexta Directiva"*.

Ainda antes de passar a responder em concreto às questões que lhe vinham colocadas, o TJCE careceu analisar, nos n.ºs 23 a 29 do acórdão,

---

[83] Processo 173/88, caso *Henriksen*, Colect. p. 2763, n.ºs 10 e 11.

em que medida as respostas poderiam ser influenciadas pelo facto de o sistema da Sexta Directiva visar prevenir a fraude e a evasão fiscal e os eventuais abusos, bem como evitar a criação de distorções de concorrência. Relativamente ao primeiro destes domínios, o TJCE referiu que o proémio da parte B) do artigo 13.º confere aos Estados membros a escolha das medidas necessárias para prevenir a fraude, a evasão e os eventuais abusos, mas o facto de um Estado membro não ter tomado medidas que lhe permitissem controlar objectivamente os pressupostos de isenção não poderia ter como consequência a recusa da aplicação da isenção. No que concerne a possíveis distorções de concorrência, o TJCE frisou que a circunstância de a *SDC* efectuar prestações aos bancos que recorrem aos seus serviços, ao passo que outros bancos optam por realizar eles próprios essas prestações, gera naturais diferenças no plano da sujeição ao imposto resultantes da natureza das operações, e não no domínio das isenções previstas nos pontos 3 a 5 da alínea d), as quais são perfeitamente neutras.

i) Quanto às pessoas que efectuam as operações:

No que mais directamente respeita às questões prejudiciais colocadas, o acórdão dedicou-se, em primeiro lugar, ao elemento subjectivo das isenções em causa, afirmando que as mesmas *"são definidas em função da natureza das prestações de serviços que são fornecidas e não em função do prestador ou do destinatário do serviço"* (n.º 32 do acórdão).

ii) Quanto ao modo como as operações são efectuadas:

Em relação aos meios através dos quais as operações são executadas, o Tribunal referiu que *"o modo concreto como o serviço é prestado, electrónica, automática ou manualmente, não tem qualquer relevância quanto à aplicação da isenção"* (n.º 37 da decisão).

iii) Quanto às relações estabelecidas entre o prestador e os destinatários dos serviços:

Por sua vez, no que respeita às relações contratuais estabelecidas entre o prestador e o destinatário do serviço, o TJCE salientou que, em primeiro lugar, cumpria determinar se a disposição que permite isentar as transferências exige que o serviço isento seja efectuado por uma entidade que esteja em relação directa com o cliente final.

Para tanto, o aresto definiu, no seu n.º 53, que "*a transferência é uma operação que consiste na execução de uma ordem de transporte de certa quantia de uma conta bancária para outra. Caracteriza-se, designadamente, pelo facto de originar a alteração da situação jurídica e financeira existente, por um lado, entre o dador da ordem e o beneficiário e, por outro, entre este e o seu banco respectivo, bem como, eventualmente, entre os bancos. Além disso, a operação que conduz a esta alteração é apenas a transferência de fundos entre as contas, independentemente da sua causa. Assim, sendo a transferência apenas um meio de transportar fundos, os aspectos funcionais são decisivos para determinar se uma operação constitui uma transferência na acepção da Sexta Directiva.*"

Neste domínio, o TJCE veiculou o entendimento de que a redacção do ponto 3 da alínea d) da parte B) do artigo 13.º "*é suficientemente ampla para incluir os serviços fornecidos por operadores diferentes dos bancos e destinados a outras pessoas que não os seus clientes finais [e que] resulta do que precede que uma interpretação que limite a aplicação da isenção [...] aos serviços fornecidos directamente ao cliente final do banco não tem fundamento*" (n.ᵒˢ 56 e 57 do texto da decisão).

Relativamente a outras funções exercidas pela *SDC*, nos seus n.ᵒˢ 58 e 59 o acórdão considerou que o papel daquela entidade, no que diz respeito às suas relações com os bancos e com os clientes finais destes, é comparável ao exercido relativamente às transferências, concluindo que as isenções previstas nos pontos 3 a 5 da mencionada alínea d) não podem estar subordinadas à condição de a prestação ser efectuada por uma entidade que estabeleça uma relação jurídica com os clientes finais dos bancos.

iv) Quanto à natureza dos serviços prestados:

No que respeita à qualificação dos serviços prestados pela *SDC*, colocava-se o problema de definir em que medida determinadas operações relacionadas com as transferências de fundos seriam susceptíveis de aproveitar da isenção estabelecida no ponto 3 da alínea d) da parte B) do artigo 13.º da Sexta Directiva. Neste domínio, particularmente em causa estava o regime do IVA que deveriam seguir as prestações de serviços de carácter informático realizadas pela *SDC*, englobando a questão de saber se esses serviços, na medida em que se circunscrevessem apenas a uma parte ou a uma componente das operações necessárias à realização dos serviços financeiros isentos, se poderiam considerar "*operações (...) relativas*" aos mesmos.

Como princípio, o TJCE começou por definir que a isenção das transferências de fundos não exclui a possibilidade de a operação de transferência se decompor em diversos serviços distintos. Para o efeito, referiu que o modo como é processada a facturação não é decisivo, podendo, portanto, esta ser composta de elementos de natureza administrativa ou técnica facturados individualmente, desde que os actos necessários à realização das operações isentas possam ser identificados em relação aos outros serviços. No entanto, face à exigência de uma interpretação estrita do preceito contido no ponto 3 da alínea d) da parte B) do artigo 13.º, o simples facto de um dado componente integrante do serviço ser indispensável à sua realização não permite concluir necessariamente pela respectiva isenção.

O raciocínio desenvolvido levou o Tribunal a afirmar, no n.º 66 do acórdão, o seguinte: *"Para serem qualificadas como operações isentas na acepção do artigo 13.º, letra B, alínea d), n.ºs 3 e 5, os serviços fornecidos por um centro informático devem formar um conjunto distinto, apreciado de modo global, que tenha por efeito preencher as funções específicas essenciais do serviço descrito nos referidos números. No que respeita a uma 'operação relativa a transferências', os serviços fornecidos devem, portanto, ter por efeito transferir fundos e originar alterações jurídicas e financeiras. Há que distinguir o serviço isento na acepção da directiva do fornecimento de uma simples prestação material ou técnica, como a colocação à disposição de um banco de um sistema informático. Para esse fim, deve o tribunal nacional examinar especificamente o alcance da responsabilidade do centro informático em relação aos bancos, designadamente a questão de saber se essa responsabilidade se limita aos aspectos técnicos ou se se estende também aos elementos específicos e essenciais das operações."*

A título ilustrativo, a decisão refere, portanto, que haverá que distinguir o serviço propriamente dito, ligado a uma transferência, do fornecimento de uma simples prestação material ou técnica, como seja a colocação à disposição do banco de um sistema informático. Enunciado este princípio geral, o TJCE entendeu que competiria ao juiz nacional avaliar se os serviços em causa no processo apresentariam um carácter distinto e se, ainda assim, poderiam ser considerados específicos e essenciais à realização das operações isentas.

Em relação a outras tarefas desenvolvidas pela *SDC*, que vinham descritas pelo tribunal de reenvio como *"conselhos em matéria de títulos e de compra e venda de títulos"*, o acórdão considera que se deve distinguir entre o aconselhamento relativo a títulos e a execução pela *SDC* de operações na bolsa para os clientes dos bancos, através da compra ou da venda de títulos detidos em carteira por estes últimos. Nessa conformidade, o TJCE entendeu, no n.º 75 do acórdão, *"que os serviços que consistem em pôr informações financeiras à disposição dos bancos e de outros utilizadores não são visados pelo artigo 13.º, letra B, alínea d), n.ᵒˢ 3 e 5, da Sexta Directiva. No que respeita mais especificamente à compra e venda de títulos, o n.º 5 desta última disposição deve ser interpretado no sentido de que as operações relativas a acções, participações em sociedades ou em associações, obrigações e demais títulos incluem operações efectuadas por um centro informático caso apresentem um carácter distinto e sejam específicas e essenciais para as operações isentas."*

Ainda no domínio de outros serviços realizados pela *SDC*, concretamente os relativos à *"gestão de depósitos"* e a *"contratos de compra e de crédito"*, estes puderam ser isentos pelos Estados membros por se terem encontrado, durante um período transitório que terminou a 1 de Janeiro de 1991, previstos no Anexo F da Sexta Directiva. Nesse contexto, o TJCE afirmou, no n.º 77 do acórdão, *"que o simples facto de estas operações serem efectuadas por um centro informático não impede que constituam serviços visados pelo Anexo F, n.ᵒˢ 13 e 15, da Sexta Directiva. Incumbe ao tribunal de reenvio apreciar se, antes de 1 de Janeiro de 1991, estas operações apresentavam um carácter distinto e se eram específicas e essenciais para esses serviços"*.

Por último, o Tribunal foi chamado a pronunciar-se sobre se, num quadro de reorganização das entidades envolvidas, tal implicaria alterações de enquadramento, face a uma situação em que os serviços em causa passassem a ser prestados por uma sociedade anónima às instituições financeiras suas associadas, sendo tais prestações de serviços facturadas por essa sociedade anónima à *SDC*, que por sua vez as facturaria às referidas instituições financeiras. Sobre a matéria, o Tribunal considerou, no n.º 79 da decisão, que *"se o serviço é especificado, se preenche os critérios para ser isento e se a facturação apenas respeita a este serviço, o simples facto de a facturação se efectuar, por razões orgânicas, por intermédio de um terceiro não impede que se considere que a operação efectuada [seja] uma operação isenta"*.

7) Acórdão de 14 de Julho de 1998, processo C-172/96, caso *Bank of Chicago*, Colect. p. I-4387:

No processo em referência vinham descritas determinadas operações realizadas por um banco, decorrentes de este se propor comprar divisas a um dado preço e, ao mesmo tempo, propor-se vender essa divisa, sob a mesma denominação e no limite de um mesmo montante, a um preço ligeiramente mais elevado. Os preços de compra e de venda eram expressos sob a forma de uma taxa de câmbio, sendo a diferença entre as duas taxas de câmbio designada por "margem" ("*spread*"). Destas propostas resultava a realização de operações de câmbio "à vista" ou "a termo". No primeiro caso, havia a compra de uma divisa contra a venda de uma outra, sendo a entrega e a venda normalmente no segundo dia útil posterior. No segundo caso, a entrega e a venda das divisas eram efectuadas numa "data-valor" futura, embora os montantes fossem fixados na base de uma taxa de câmbio combinada entre as partes na data do acordo.

Relativamente a estas operações de câmbio, nem ocorria a entrega material de dinheiro, nem o banco cobrava aos clientes quaisquer despesas ou comissões, sendo o respectivo lucro as margens entre as taxas de câmbio das propostas de compra e das propostas de venda.

A matéria que deu origem ao litígio entre o banco e a administração fiscal do Reino Unido prendia-se com o valor referente às operações de câmbio a termo que deveria ser considerado para efeitos do cálculo do *pro rata* de dedução do banco. Para tanto, o TJCE viu-se na necessidade de se pronunciar, em primeiro lugar, sobre se estas operações consistiam em transmissões de bens ou em prestações de serviços e se as mesmas tinham carácter oneroso.

Sobre esta primeira questão, o Tribunal considerou que as operações de câmbio, mesmo se executadas sem cobrança pelo banco de comissões ou de despesas directas, são operações abrangidas pelo âmbito de incidência do IVA, constituindo-se como prestações de serviços efectuadas a título oneroso. Tais prestações de serviços, porém, dado representarem operações relativas a divisas, encontram-se abrangidas pela isenção prevista no ponto 4 da alínea d) da parte B) do artigo 13.º da Sexta Directiva.

No que em concreto respeitava ao valor destas operações, a considerar para efeitos da determinação da percentagem de dedução do banco, em virtude de tais operações isentas conferirem o direito à dedução quando realizadas com pessoas residentes fora da União Europeia, o TJCE entendeu que aquele valor deveria ser o correspondente ao resultado bruto das operações em causa ao longo de um dado período, ou seja, a diferença nesse período de tempo entre os valores de venda e de aquisição das divisas.

8) Acórdão de 13 de Dezembro de 2001, processo C-235/00, caso CSC, Colect. p. I-10237:

A *CSC* prestava serviços designados de *"call center"* a determinadas instituições financeiras, consistindo estes, no essencial, na assunção dos contactos desses organismos financeiros com o público, no que respeita à venda de produtos financeiros. No quadro de um plano de investimento promovido por uma instituição financeira sua cliente, a *CSC* estava incumbida de prestar informações, de processar os pedidos apresentados pelos potenciais interessados, de verificar o correcto preenchimento dos impressos, de apurar se os interessados reuniam as condições de admissão e se o respectivo pagamento fora feito, bem como de processar os pedidos de rescisão. A *CSC* não exercia, no entanto, quaisquer funções de aconselhamento. Também as formalidades ligadas à emissão ou transmissão dos títulos em causa não eram asseguradas pela *CSC*.

Chamado a pronunciar-se sobre a aplicabilidade da isenção prevista no ponto 5 da alínea d) da parte B) do artigo 13.º às operações realizadas pela *CSC*, o Tribunal analisou, em primeiro lugar, o sentido da expressão *"operações relativas a títulos"*. Sobre esta expressão, o TJCE, após desenvolver uma análise próxima da que fizera no seu acórdão de 5 de Junho de 1997, tirado no processo C-2/95 (caso *SDC*, Colect. p. I-3017), concluiu que a mesma se refere a operações susceptíveis de criar, modificar ou extinguir os direitos e obrigações das partes relativamente aos títulos. Como se pode retirar da expressa exclusão do âmbito da isenção das operações de guarda e gestão de títulos, as simples prestações de índole material, técnica ou administrativa, que não alterem a situação jurídica ou financeira entre as partes, como é o caso da prestação de informações, não são susceptíveis de ser contempladas pela referida isenção.

Por outro lado, o TJCE analisou também o sentido da expressão *"negociação relativa a títulos"*, constante da mesma disposição. Sobre esta expressão, o Tribunal concluiu que a mesma não engloba os serviços que se limitam a fornecer informações relativas a um produto financeiro e, eventualmente, a receber e processar os pedidos de subscrição dos títulos correspondentes, sem proceder à sua emissão. No contexto do ponto 5 da alínea d) da parte B) do artigo 13.º, o TJCE referiu que o termo *"negociação"* se reporta a uma actividade executada por um intermediário, que não ocupa o lugar de uma das partes num contrato relativo a um produto financeiro e cuja actividade é diferente das prestações contratuais típicas efectuadas pelas partes em contratos desse tipo. A actividade de negociação é uma actividade distinta da mediação. Não se está perante uma actividade de negociação quando uma instituição financeira confia a uma outra entidade a realização de uma parcela das operações materiais ligadas ao contrato, como sejam a informação à outra parte e a recepção e o processamento dos pedidos de subscrição dos títulos que são objecto do contrato.

9) Acórdão de 26 de Junho de 2003, processo C-305/01, caso MKG, Colect. p. I-6729:

Neste processo o TJCE debruçou-se exclusivamente sobre o enquadramento face à Sexta Directiva das operações de *"factoring"* que designou de *"em sentido próprio"*, ou seja, a operação pela qual o factor compra ao seu cliente aderente créditos deste, assumindo o risco de incumprimento dos devedores.

Analisando, em primeiro lugar, tais operações do ponto de vista da incidência do imposto, o acórdão considera que as mesmas têm subjacentes contratos em que o factor e os seus clientes trocam prestações recíprocas, nos termos dos quais o factor realiza a estes uma prestação de serviços, que consiste, essencialmente, em desonerá-los das operações de cobrança dos créditos e do risco de falta de pagamento desses créditos. No n.º 50 do acórdão, refere-se a dado passo que a circunstância de *"o factor garantir ao cliente o pagamento dos créditos assumindo o risco de incumprimento dos devedores deve ser considerado uma exploração do bem em questão com vista a obter dele receitas com carácter de permanência, na acepção do artigo 4.º, n.º 2, da Sexta Directiva, quando esta operação seja efectuada mediante remuneração, por um período determinado"*. O tribunal sufragou, ainda, esta sua posição invocando o princípio da neutralidade, ao considerar, no n.º 54 do acórdão, que *"não existe qualquer motivo válido que possa justificar uma diferença de tratamento, do ponto de vista do IVA, entre o factoring em sentido próprio e o factoring em sentido impróprio"*.

No que se refere à questão de saber se o *"factoring* em sentido próprio" estaria abrangido pela alínea d) da parte B) do artigo 13.º, o TJCE considerou que o respectivo ponto 3, ao excluir expressamente da isenção as operações de cobrança de dívidas, afastava da isenção as operações de *factoring*. Para tanto, a decisão, após salientar que as versões em língua inglesa e sueca excluem expressamente o *factoring* da isenção, afirma nos seus n.ᵒˢ 77 e 78 que "*nas outras versões linguísticas, o conceito de 'cobrança de dívidas' deve ser interpretado no sentido de que abrange todas as formas de factoring. Com efeito, pela sua natureza objectiva, o factoring tem por finalidade essencial a cobrança e o encaixe de créditos por um terceiro. Por conseguinte, o factoring deve ser considerado como uma simples variante do conceito mais amplo de 'cobrança de dívidas', quaisquer que sejam, aliás, as modalidades segundo as quais é praticada. [...] Diga-se de passagem que a noção de 'cobrança de dívidas' se refere a operações financeiras claramente circunscritas, destinadas a obter o pagamento de uma dívida em numerário, que são de natureza claramente diferente da das isenções enumeradas na primeira parte do artigo 13.º, B, alínea d), ponto 3, da Sexta Directiva*".

10) Acórdão de 29 de Abril de 2004, processo C-77/01, caso *EDM*, Colect. p. I-4295:

Este processo teve por objecto a qualificação face à Sexta Directiva de um conjunto de operações integrante da actividade da *EDM*, uma sociedade *holding* do sector mineiro. Particularmente em causa esteve a qualificação como actividade económica de algumas das operações financeiras realizadas entre aquela entidade e empresas nas quais detinha participações sociais, em ordem a determinar o regime de dedução do IVA suportado a montante e os elementos a integrar no cálculo do respectivo *pro rata*. Além disso, estiveram também em apreço as operações realizadas entre empresas consorciadas, no âmbito de três consórcios de que a *EDM* fazia parte, tendo por objecto a descoberta de jazigos mineiros em três diferentes regiões de Portugal.

No que respeita à qualificação como actividade económica e à eventual isenção das operações de carácter financeiro, o TJCE entendeu que as actividades que consistam na simples venda de acções e de outros títulos negociáveis, como participações em fundos de investimento, não constituem actividades económicas na acepção do n.º 2 do artigo 4.º da Sexta Directiva. Também à margem da incidência do imposto se encontram as aplicações em fundos de investimento, por não constituírem prestações de serviços efectuadas a título oneroso, na acepção do n.º 1 do seu artigo 2.º.

Por outro lado, entendeu o TJCE que a concessão por uma *holding* de empréstimos remunerados às suas participadas, assim como as aplicações feitas por aquela em depósitos bancários ou em títulos, como obrigações do tesouro ou operações de tesouraria, se constituíam como operações sujeitas a IVA, embora abrangidas pelas isenções previstas nos pontos 1 e 5 da alínea d) da parte B) do artigo 13.º.

No que respeita às relações entre empresas consorciadas, a decisão considerou, em traços gerais, apenas se constituir como operação tributável a realização por um membro de trabalhos que representem um excedente em relação à parte que lhe caberia nos termos do contrato de consórcio, quando dos mesmos resulte um pagamento pelos outros membros de uma contrapartida por esse excedente.

2.5. Apostas mútuas e jogos de fortuna ou azar

A alínea f) da parte B) do artigo 13.º da Sexta Directiva estabelece que devem ser isentas do IVA "a*s apostas, lotarias e outros jogos de azar ou a dinheiro, sem prejuízo das condições e dos limites estabelecidos pelos Estados-membros*".

1) Acórdão de 11 de Junho de 1998, processo C-283/95, caso *Fischer*, Colect. p. I-3369:

Neste aresto o Tribunal decidiu que a exploração ilegal de um jogo de azar, no caso a roleta, se encontra abrangida pela incidência do IVA, muito embora seja susceptível de aplicação da isenção prevista na alínea f) da parte B) do seu artigo 13.º.

Para tanto, a decisão salienta que a circunstância de a actividade ilícita se encontrar em concorrência directa com as actividades de jogo prosseguidas de forma lícita não permitiria que aquela fosse considerada fora do âmbito de aplicação da Sexta Directiva. Em contrapartida, o princípio da neutralidade aplicável em matéria de isenções implica que se considere que tal actividade tem condições para beneficiar da isenção. A tal não se opõe o facto de a legislação referir que os Estados membros têm a faculdade de determinar os limites e as condições de isenção, porquanto isso não os autoriza a atentar contra o princípio da neutralidade fiscal que a Sexta Directiva pressupõe.

2) Acórdão de 17 de Fevereiro de 2005, processos C-453/02 e C--462/02, casos *Linneweber* e *Akritidis*, Colect. p. I-?:

Nestes dois processos, que correram em apenso, discutiu-se o âmbito da isenção prevista na alínea f) da parte B) do artigo 13.º da Sexta Directiva. Num dos casos, ocorria a colocação à disposição do público, mediante retribuição, de máquinas de jogo a dinheiro e de aparelhos de diversão em cafés e salas de jogo, por parte de uma pessoa munida do devido licenciamento para o efeito. No outro caso, ocorria a disponibilização de jogos de roleta e de cartas num salão de jogos, cuja exploração se encontrava também devidamente licenciada, mas em que não foram respeitadas pelo proprietário as regras impostas para a exploração do jogo.

Nos n.ºs 23 a 30 do acórdão, debruçando-se sobre a questão de saber se as referidas actividades poderiam ser submetidas a tributação em IVA, estando a exploração dos mesmos jogos isenta do imposto se explorados em casinos públicos autorizados, o Tribunal começou por salientar que a formulação da mencionada disposição permite aos Estados membros determinar os limites e as condições da isenção. No entanto, tal não significa que os Estados membros deixem de ter de respeitar o princípio da neutralidade fiscal, o qual determina que bens ou serviços semelhantes e que estejam em concorrência entre si tenham o mesmo tratamento em sede do IVA. Para o efeito, a identidade do fornecedor dos bens ou do prestador dos serviços e a forma jurídica através da qual aqueles exerçam as suas actividades são irrelevantes para determinar se os bens ou serviços são semelhantes.

Assim, considerou o TJCE que o disposto na alínea f) da parte B) do artigo 13.º não permite que a legislação interna de um Estado membro preveja que a exploração de todos os jogos de azar esteja isenta do IVA, se for efectuada em casinos públicos autorizados, e simultaneamente que a mesma actividade esteja submetida a tributação se for realizada por outras entidades.

Pese embora a relativa margem de liberdade concedida aos Estados membros no domínio da isenção prevista na citada disposição, o Tribunal considerou, seguidamente, nos n.ºs 33 a 39 do acórdão, que quem explora os jogos em questão pode invocar, perante as autoridades do Estado membro em causa, o efeito directo da referida isenção, quer se a respectiva legislação não tiver feito uso das prerrogativas dadas na referida alínea, quer se essa legislação não for compatível com a Sexta Directiva[84].

---

[84] Sobre os aspectos aqui focados, pode ser visto, com mais detalhes, o n.º 1.5. do capítulo I, *supra*.

Na parte final do acórdão, o TJCE analisou, a pedido do Governo alemão, se poderiam ser limitados no tempo os efeitos da decisão, tendo--se recusado a definir qualquer limitação nesse domínio. Para tanto, argumentou que a sua interpretação determina o significado e o alcance da norma comunitária desde a sua entrada em vigor, pelo que a norma assim interpretada deve ser aplicada a todas as relações jurídicas estabelecidas antes da prolação do acórdão, desde que se encontrem ainda reunidas as condições para que seja interposta a competente acção junto dos órgãos jurisdicionais do país. Só a título excepcional poderia o TJCE ser levado a limitar a possibilidade de qualquer interessado de boa fé invocar a aplicação de uma disposição no sentido da interpretação por si veiculada, por força do princípio geral de segurança jurídica inerente à ordem jurídica comunitária. As consequências financeiras para um Estado membro, decorrentes da decisão tomada pelo Tribunal, não justificam, por si só, a limitação no tempo dos efeitos de um acórdão.

2.6. Transmissão de bens imóveis

Nos termos da alínea g) da parte B) do artigo 13.º da Sexta Directiva, os Estados membros devem isentar *"as entregas de edifícios ou de partes de edifícios e do terreno da sua implantação, com excepção dos indicados no n.º 3, alínea a), do artigo 4.º"*.

Por sua vez, a alínea h) da parte B) reporta-se à isenção das *"entregas de bens imóveis não construídos, com excepção das entregas de terrenos para construção previstas no n.º 3, alínea b), do artigo 4.º"*.

Na alínea b) da parte C) do artigo 13.º vem definido que os Estados membros podem conceder aos respectivos sujeitos passivos o direito de optar pela tributação das operações referidas nas alíneas g) e h) da parte B) do mesmo artigo. O segundo parágrafo dessa parte C) estabelece que os Estados membros possam restringir o âmbito do direito de opção e fixar as regras do seu exercício.

1) Acórdão de 8 de Julho de 1986, processo 73/85, caso *Kerrut*, Colect. p. 2219:

Tratou-se de um processo em que esteve em apreciação a relação entre o IVA e o imposto sobre transmissões de imóveis (ITI) vigente na Alemanha.

Em traços gerais, estava em causa a aquisição de um terreno para construção, seguida da adjudicação a um empreiteiro de um contrato para a construção de um edifício nesse terreno. A administração fiscal alemã, para efeitos do ITI, considerara que dos dois contratos resultava uma única operação económica, devendo, em consequência, servir de base à liquidação daquele imposto o somatório dos respectivos valores. Sendo as duas operações submetidas a tributação em sede de ITI, por força da legislação interna alemã, quer a aquisição do terreno, quer a empreitada, estariam isentas do IVA.

Colocada ao TJCE a questão de saber, em primeiro lugar, se as referidas operações poderiam ser isentas do IVA, aquele órgão jurisdicional comunitário começou por analisar o disposto na alínea a) do n.º 3 do artigo 4.º e na alínea g) da parte B) do artigo 13.º da Sexta Directiva. Da redacção das duas disposições, o Tribunal concluiu que a expressão comum a ambas – *"entregas de edifícios [...] e do terreno da sua implantação"* – se reportava apenas aos casos em que as duas realidades, edifício e terreno, fossem transaccionados em conjunto através de um único contrato. Para efeitos do IVA, portanto, situações como a descrita no processo não poderiam gerar uma única operação. Tratando-se de um edifício novo, a empreitada para a respectiva construção não poderia beneficiar da isenção prevista na alínea g) da parte B) do artigo 13.º.

Seguidamente, o Tribunal analisou da possibilidade de a operação ser isenta em resultado da conjugação do disposto na alínea b) do n.º 3 do artigo 28.º e no n.º 16 do Anexo F da Sexta Directiva, nos termos da qual os Estados membros podem continuar a isenção as entregas de edifícios novos. No entanto, frisou o Tribunal, a referida alínea impede a introdução de novas isenções após a vigência da Sexta Directiva, pelo que uma posterior extensão da base de tributação do ITI não poderia implicar o alargamento do âmbito de isenção do IVA[85].

O TJCE respondeu, ainda, a uma segunda questão, que versou sobre se uma eventual incidência do IVA e do ITI em relação a uma mesma realidade, de um modo que originasse uma dupla tributação das operações imobiliárias, seria contrária ao direito comunitário. O aresto considerou que essa dupla tributação é admissível, na medida em que não se trate de um imposto com as mesma características do IVA que violasse o disposto no artigo 33.º da Sexta Directiva.

---

[85] Este trecho do acórdão é também objecto de referência *infra*, no n.º 4 do capítulo III.

2) Acórdão de 28 de Março de 1996, processo C-468/93, caso *Emmen*, Colect. p. I-1721:

Neste aresto esteve particularmente em causa a definição de "terrenos para construção" para efeito da alínea b) do n.º 3 do artigo 4.º e da alínea h) da parte B) do artigo 13.º.

A questão essencial residia em torno de saber qual o tipo ou o grau de infra-estruturas que deve apresentar um imóvel não edificado para poder ser considerado um terreno para construção.

O Tribunal entendeu que a redacção da alínea b) do n.º 3 do artigo 4.º da Sexta Directiva remete expressamente para as definições de terrenos para construção adoptadas pelos Estados membros, quer para efeitos daquela disposição, quer para efeitos da alínea h) da parte B) do artigo 13.º.

Para melhor fundamentar esse ponto de vista, vem salientado no n.º 22 do acórdão que "*o Tribunal de Justiça já declarou que, quando o legislador comunitário, num regulamento, remete implicitamente para os usos nacionais, não compete ao Tribunal de Justiça dar às expressões empregues uma definição comunitária uniforme (v., neste sentido, acórdão de 18 de Janeiro de 1984, Ekro, 327/82, Recueil, p. 107, n.º 14)*".

Contrariando uma afirmação apresentada no processo pela Comissão Europeia, o TJCE declarou também que a utilização na alínea b) do n.º 3 do artigo 4.º da expressão "*urbanizados ou não*", significa que a definição de terrenos para construção cabe aos Estados membros, quer esses terrenos estejam urbanizados ou não o estejam.

3) Acórdão de 8 de Junho de 2000, processo C-400/98, caso *Breitsohl*, Colect. p. I-4321:

(Ver apontamento sobre este acórdão no n.º 4 do capítulo III *infra*).

CAPÍTULO III

ISENÇÕES MANTIDAS PELOS ESTADOS MEMBROS AO ABRIGO DE DISPOSIÇÕES TRANSITÓRIAS

O artigo 28.º da Sexta Directiva, na alínea a) do seu n.º 2, estabelece a possibilidade de os Estados membros, durante um período transitório, manterem as isenções com direito à dedução do imposto suportado a montante que estivessem em vigor à data de 1 de Janeiro de 1991, desde que estivessem em conformidade com o direito comunitário e preenchessem as condições definidas no último travessão do artigo 17.º da Segunda Directiva[86].

Por seu turno, a alínea b) do n.º 3 do mesmo artigo 28.º autoriza os Estados membros, durante um período transitório, a continuar a isentar as operações enumeradas no Anexo F, nas condições em vigor em cada Estado membro[87].

1. AGÊNCIAS DE VIAGENS

Acórdão de 27 de Outubro de 1992, processo C-74/91, Comissão//Alemanha, Colect. p. I-5437:

Neste processo, a Comissão Europeia interpunha uma acção relativa ao incumprimento, por parte da Alemanha, do disposto no regime de tributação das agências de viagens, previsto no artigo 26.º da Sexta Directiva, uma vez que a legislação daquele Estado membro continuava

---

[86] Esta matéria é objecto de referência mais detalhada, *supra*, no n.º 1.3.1. do capítulo I.

[87] Neste domínio podem ver-se mais pormenores no n.º 1.3.2. do capítulo I, *supra*.

a permitir a isenção de certas operações realizadas no interior da Comunidade Europeia integradas no "pacote turístico" abrangido pelo regime.

Entre outros argumentos apresentados, a Alemanha entendia que a possibilidade de manter essas isenções decorria do disposto na alínea b) do n.º 3 do artigo 28.º da Sexta Directiva, podendo aplicá-las apenas parcialmente no que tocava às operações previstas nos n.ºs 17 e 27 do seu Anexo F. Alegava, para tanto, que se anteriormente a respectiva legislação interna não previa qualquer regime especial para as agências de viagens, mas antes a tributação, nos termos gerais, de cada uma das diferentes prestações constitutivas do "pacote", a par da isenção de algumas dessas prestações, então a adopção do regime especial não implicava a obrigatoriedade de passar a tributar essas prestações isentas.

Sobre esta parte da matéria controvertida, invocando as decisões tomadas no seus acórdãos de 8 de Julho de 1986[88] e de 17 de Outubro de 1991[89], o TJCE considerou que, a partir do momento que a Alemanha decidira aplicar às agências de viagens o regime previsto no artigo 26.º da Sexta Directiva, o mesmo, ao determinar que as prestações inseridas no "pacote" sejam tratadas como uma única operação, era incompatível com a manutenção de tais isenções, com excepção das relativas a prestações realizadas fora da Comunidade.

Na óptica do TJCE, sufragando também a perspectiva defendida pela Comissão, *"a admissão da manutenção de isenções parciais não expressamente previstas pelas disposições transitórias da Sexta Directiva aplicáveis às agências de viagens seria aliás contrária ao princípio da segurança jurídica, que impõe uma aplicação clara e precisa das normas definidas pelas directivas comunitárias"*[90].

---

[88] Processo 73/85, caso *Kerrut*, Colect. p. 2219, n.º 17, referenciado *supra*, no n.º 2.6. do capítulo II, e *infra*, no n.º 4 deste capítulo III.

[89] Processo C-35/90, Comissão/Espanha, Colect. p. I-5073, n.ºs 6 a 9, mencionado *infra*, no n.º 2 deste capítulo III.

[90] Excerto transcrito da parte final do n.º 17 do acórdão. Note-se que, noutra circunstância, relativamente a normas transitórias em matéria de isenção, o TJCE já entendeu que era possível a manutenção por um Estado membro de isenções parciais (*cf.* acórdão de 29 de Abril de 1999, processo C-136/97, caso *Norbury*, Colect. p. I-2491, mencionado *supra*, no n.º 1.3.2. do capítulo I, e *infra*, no n.º 4 deste capítulo III).

2. DIREITOS DE AUTOR

Acórdão de 17 de Outubro de 1991, processo C-35/90, Comissão/ /Espanha, Colect. p. I-5073:

Relativamente a Espanha, e contrariamente ao que sucedeu com Portugal, não ficou definido no Acto de Adesão que, ao abrigo da alínea b) do n.º 3 do artigo 28.º da Sexta Directiva, a Espanha poderia isentar de IVA os serviços relativos a direitos de autor prestados por artistas, escritores, colaboradores em jornais e revistas, fotógrafos e ilustradores, compositores e intérpretes musicais, guionistas, adaptadores, obras audio-visuais, etc..

O Tribunal entendeu que o facto de a Espanha ter tributado essas operações a partir de 1 de Janeiro de 1986, não lhe permitiria invocar a isenção prevista na alínea b) do n.º 3 do artigo 28.º[91].

3. OBRAS DE ARTE

Acórdão de 7 de Março de 2002, processo C-169/00, Comissão/ /Finlândia, Colect. p. I-2433:

Nesta decisão estava em causa uma isenção de IVA constante da legislação finlandesa, que abrangia as transmissões de obras de arte, realizadas directamente pelo autor ou através de um seu agente, bem como as importações dessas obras por parte do autor, quando proprietário das mesmas.

---

[91] Por idênticos motivos foi interposta contra a Espanha uma acção de incumprimento em matéria de aquisição intracomunitária e importação de armamento, que deu lugar ao acórdão de 16 de Setembro de 1999 (processo C-414/97, Comissão/Espanha, Colect. p. I-5585), sobre o qual é feita referência *infra*, no n.º 2.1. do capítulo IV. Para sanar, pelo menos parcialmente, ambos os impedimentos, foi aditado um n.º 3-A ao artigo 28.º da Sexta Directiva, através da Directiva 91/680/CEE, do Conselho, de 16 de Dezembro de 1991, estabelecendo o seguinte: *"Enquanto não houver uma decisão do Conselho que, em virtude de artigo 3.º da Directiva 89/465/CEE, deva dispor sobre a supressão das derrogações transitórias previstas no n.º 3, a Espanha fica autorizada a isentar as operações previstas no n.º 2 do anexo F, na medida em que digam respeito às prestações de serviços efectuadas pelos autores, bem como às operações a que se referem os pontos 23 e 25 do Anexo F."*

Nos termos do respectivo acto de adesão, a Finlândia pode continuar, transitoriamente, a isentar os serviços prestados por autores, intérpretes e executantes referidos no n.º 2 do Anexo F da Sexta Directiva, a que se refere a alínea b) do n.º 3 do seu artigo 28.º.

O TJCE referiu que, sendo as isenções objecto de interpretação estrita, tal interpretação no caso vertente ainda mais se justificava, porquanto não se trata de uma isenção definitiva e harmonizada.

Face a isso, o Tribunal entendeu que a isenção das prestações de serviços efectuadas por artistas não poderia abranger as transmissões e as importações de obras de arte.

4. TERRENOS PARA CONSTRUÇÃO

1) Acórdão de 8 de Julho de 1986, processo 73/85, caso *Kerrut*, Colect. p. 2219:

Neste processo esteve em causa a relação entre o IVA e o imposto sobre transmissões de imóveis (ITI) vigente na Alemanha.

Entre outros aspectos, o Tribunal analisou a possibilidade de uma dada operação ser isenta em resultado da conjugação do disposto na alínea b) do n.º 3 do artigo 28.º e no n.º 16 do Anexo F da Sexta Directiva, nos termos da qual os Estados membros podem continuar a isentar as entregas de edifícios novos. O Tribunal considerou que a referida alínea impede a introdução de novas isenções após a vigência da Sexta Directiva, pelo que uma posterior extensão da base de tributação do ITI não poderia ter como consequência o alargamento do âmbito de isenção do IVA[92].

2) Acórdão de 29 de Abril de 1999, processo C-136/97, caso *Norbury*, Colect. p. I-2491:

A decisão tomada neste acórdão versou sobre a possibilidade de a legislação do Reino Unido ter alterado o conceito de terreno para construção, sem ter abolido completamente a isenção do IVA sobre as

---

[92] Podem ser vistos mais detalhes sobre este acórdão *supra*, no n.º 2.6. do capítulo II.

transmissões desses terrenos, que mantinha ao abrigo da alínea b) do n.º 3 do artigo 28.º da Sexta Directiva.

Depois de ter reafirmado que a definição do que se entende por terreno para construção é da competência de cada Estado membro, o TJCE considerou que a alteração do conceito é legítima desde que não alargue o âmbito de uma isenção mantida ao abrigo da alínea b) do n.º 3 do artigo 28.º. Se a alteração reduzir parcialmente o âmbito da referida isenção, como era o caso, isso é perfeitamente admissível face à referida disposição[93].

3) Acórdão de 8 de Junho de 2000, processo C-400/98, caso *Breitsohl*, Colect. p. I-4321:

Este acórdão é referente à isenção e à possibilidade de opção pela tributação da transmissão de imóveis antes da primeira ocupação, concedidas na Alemanha ao abrigo das alíneas b) e c) do n.º 3 do artigo 28.º, do n.º 16 do Anexo F e do n.º 1 do Anexo G, da Sexta Directiva.

O TJCE considerou que as referidas disposições, conjugadas com a alínea a) do n.º 3 do artigo 4.º da Sexta Directiva, não permitem a dissociação, para efeitos de tributação e de isenção, entre o edifício e o terreno em que este se encontra implantado.

A transmissão de um edifício e do terreno em que o mesmo está implantado pode, ao abrigo das mencionadas disposições transitórias, ser integralmente isenta ou tributada na totalidade. Não pode, porém, determinar-se a tributação de uma parte e a isenção da outra, ainda que isso gere um eventual risco de *"sobretributação"*, uma vez que tal risco está inerente à possibilidade transitoriamente conferida nas alíneas b) e c) do n.º 3 do artigo 28.º.

---

[93] No n.º 1.3.2. do capítulo I, *supra*, é também feita referência a este aresto.

5. TRANSPORTE DE PASSAGEIROS

1) Acórdão de 23 de Maio de 1996, processo C-331/94, Comissão/ Grécia, Colect. p. I-2675:

Nesta acção por incumprimento de Estado esteve em causa a isenção concedida na Grécia aos cruzeiros efectuados por navios que arvoravam pavilhão grego e que não faziam escala em portos estrangeiros, na parte do trajecto efectuada nas águas territoriais daquele país. Tal isenção resultava de uma alteração legislativa ocorrida em 1992.

O TJCE salientou que o elemento de conexão relativo às prestações de serviços de transporte, constante da alínea b) do n.º 2 do artigo 9.º da Sexta Directiva, obrigava os Estados membros a sujeitar a IVA as prestações de serviços dos organizadores de cruzeiros na parte do trajecto efectuada nas suas águas territoriais. Por outro lado, uma vez que a Grécia não beneficiava da possibilidade de isentar, a título transitório, as prestações de serviços de transporte de passageiros, nos termos da alínea b) do n.º 3 do artigo 28.º, não poderia deixar de submeter a tributação as referidas prestações de serviços.

Adicionalmente, rebatendo os argumentos apresentados pela Grécia, o Tribunal afirmou que a invocação de dificuldades de ordem prática ou o valor insignificante dos montantes de imposto em causa, assim como a inexistência de um regime comunitário definitivo de tributação em IVA dos transportes de passageiros, não poderiam dispensar aquele Estado membro de aplicar correctamente as disposições da Sexta Directiva.

Por último, o TJCE considerou que a Grécia não poderia invocar a isenção de IVA de que beneficiam os transportes marítimos internacionais de passageiros e os cruzeiros organizados por empresas de países terceiros. Por um lado, em virtude de os transportes de passageiros deverem, em princípio, ser submetidos a tributação relativamente aos trajectos ocorridos nas águas territoriais dos Estados membros, salvo qualquer possibilidade derrogatória ao abrigo da alínea b) do n.º 3 do artigo 28.º da Sexta Directiva. Por outro lado, afirmou o Tribunal que os transportes marítimos internacionais, bem como os cruzeiros organizados a partir de países terceiros, diferem objectivamente dos cruzeiros que partem de um Estado membro, uma vez que têm pontos de partida e de chegada diferentes e, por via de regra, utilizam menos as águas territoriais do Estado membro de tributação.

2) Acórdão de 13 de Julho de 2000, processo C-36/99, caso *Idéal Tourisme*, Colect. p. I-6049:

Neste acórdão o TJCE analisou o princípio da igualdade de tratamento, que considera fazer parte dos princípios fundamentais do direito comunitário. Segundo o Tribunal, *"este princípio exige que as situações comparáveis não sejam tratadas de forma diferente, a menos que uma diferenciação se justifique objectivamente"*, invocando para tanto o decidido no seu acórdão de 25 de Novembro de 1986, relativo aos processos 201/85 e 202/85 (caso *Klensch*, Colect. p. 3477).

Salientando que a harmonização comunitária no domínio do IVA é ainda uma harmonização parcial, o Tribunal considerou, no entanto, que a legislação belga não violava o princípio da igualdade ao isentar os transportes aéreos internacionais (ao abrigo do disposto na alínea b) do n.º 3 do artigo 28.º da Sexta Directiva) e, simultaneamente, ao tributar o transporte internacional rodoviário de passageiros.

CAPÍTULO IV

ISENÇÕES NAS OPERAÇÕES INTERNACIONAIS

1. EXPORTAÇÕES, OPERAÇÕES EQUIPARADAS E TRANSPORTES INTERNACIONAIS

No artigo 15.º da Sexta Directiva vem previsto um vasto conjunto de isenções do IVA sob a epígrafe *"Isenções das operações de exportação para fora da Comunidade*[94]*, das operações equiparadas e dos transportes internacionais"*.

De entre essas isenções, sobressaem as relativas às exportações em geral, previstas nos n.ᵒˢ 1 e 2 do mencionado artigo, abrangendo, no primeiro caso, *"as entregas de bens expedidos ou transportados pelo vendedor ou por sua conta, para fora da Comunidade"* e, no segundo caso, *"as entregas de bens expedidos ou transportados pelo adquirente não estabelecido no território do país, ou por sua conta, para fora da Comunidade, com excepção dos bens transportados pelo próprio adquirente e destinados ao equipamento ou ao abastecimento de barcos de recreio, aviões de turismo ou qualquer outro meio de transporte para uso privado"*.

Para além das referidas, contam-se ainda no artigo 15.º, em traços gerais, as seguintes isenções: prestações de serviços sobre bens adquiridos ou importados que se destinem a ser exportados (n.º 3); bens para o abastecimento das embarcações a seguir indicadas, assim como para o abastecimento de certos navios de guerra (n.º 4); entrega, transformação, reparação, manutenção, fretamento, locação e outras prestações de serviços

---

[94] No caso de bens transmitidos com destino a outro Estado membro da União Europeia, as isenções aplicáveis vêm previstas na parte A do artigo 28.º-C da Sexta Directiva.

relativas a embarcações de alto mar, de salvamento e de pesca costeira ou relativas a aeronaves utilizadas por companhias de navegação aérea que se dediquem essencialmente ao tráfego internacional, bem como de objectos incorporados naquelas embarcações ou aeronaves e de bens de abastecimento destinadas a estas últimas (n.ᵒˢ 5 a 9); entregas de bens e prestações de serviços no âmbito das relações internacionais (n.º 10); entregas de ouro aos bancos centrais (n.º 11); entregas de bens destinados a exportação por organizações reconhecidas como filantrópicas, caritativas ou pedagógicas (n.º 12); prestações de serviços, incluindo os transportes e as operações acessórias, com excepção das isentas ao abrigo do artigo 13.º, directamente relacionadas com a exportação de bens ou com as importações de bens que beneficiam das disposições previstas no n.º 3 do artigo 7.º ou no n.º 1 da parte A do artigo 16.º (n.º 13)[95]; prestações de serviços efectuadas por intermediários que actuem em nome e por conta de outrem em operações referidas no artigo 15.º ou em operações realizadas fora da União Europeia (n.º 14).

1.1. Exportações ilícitas

Acórdão de 2 de Agosto de 1993, processo C-111/92, caso *Lange*, Colect. p. I-4677:

Neste aresto estava em causa a questão de saber se a isenção na exportação de bens, prevista no n.º 1 do artigo 15.º da Sexta Directiva, não deveria ser aplicada a operações efectuadas em violação de disposições nacionais que determinavam o embargo das exportações para determinados países.

O TJCE começou por salientar, de harmonia com jurisprudência anterior, que o princípio da neutralidade se opõe a um tratamento diferente entre operações lícitas e ilícitas, com excepção dos casos em que, devido às características particulares de certas mercadorias, esteja excluída qualquer concorrência entre sectores económicos lícitos e ilícitos.

No caso em apreço, dizendo respeito a equipamentos informáticos, a respectiva transacção não se encontrava proibida em razão da sua natureza

---

[95] O n.º 15 do artigo 15.º, por sua vez, estatui que "*a República Portuguesa pode assimilar ao transporte internacional os transportes marítimos e aéreos entre as ilhas que compõem as Regiões Autónomas dos Açores e da Madeira e entre estas e o Continente*".

ou das suas características particulares, mas apenas quando essa exportação ocorresse para determinados destinos, em função de uma eventual utilização para fins considerados estratégicos.

Sendo assim, o TJCE entendeu que não havia motivos para recusar a aplicação da isenção de IVA prevista na citada norma da Sexta Directiva.

1.2. Embarcações e aeronaves

1) Acórdão de 4 de Julho de 1985, processo 168/84, caso *Berkholz*, ECR p. 2251:

Neste acórdão, o TJCE começou por entender que as máquinas de jogos instaladas e exploradas a bordo de um *ferry-boat*, que se dedique à navegação de alto mar, fora das águas territoriais de um Estado membro, poderiam, em determinadas circunstâncias, ser consideradas um estabelecimento estável, para efeitos da regra de localização das prestações de serviços do n.º 1 do artigo 9.º da Sexta Directiva.

Seguidamente, o Tribunal analisou se a exploração das máquinas poderia constituir-se como uma operação isenta ao abrigo do n.º 8 do artigo 15.º da Sexta Directiva, tendo afirmado que as prestações de serviços mencionadas nessa disposição respeitam às directamente relacionadas com as próprias embarcações ou com a respectiva carga, não podendo ser abrangida pela isenção a exploração de máquinas de jogos, cujo objectivo é o entretenimento dos passageiros.

2) Acórdão de 26 de Junho de 1990, processo C-185/89, caso *Velker*, Colect. p. I-2561:

Neste acórdão o TJCE definiu o entendimento de que a isenção prevista no n.º 4 do artigo 15.º da Sexta Directiva abrange as transmissões de bens para o abastecimento ou aprovisionamento das embarcações aí referidas, mas não as transmissões desses bens efectuadas nas fases anteriores do circuito económico.

No entanto, para que a isenção opere, não é necessário que os bens sejam de imediato postos a bordo, podendo ser armazenados após a entrega até ao momento da sua utilização ou colocação a bordo.

3) Acórdão de 16 de Setembro de 2004, processo C-382/02, caso *Cimber Air*, Colect. p. I-8379:

Neste processo foi objecto de análise o disposto nos n.ᵒˢ 6, 7 e 9 do artigo 15.º da Sexta Directiva. Particularmente em causa estava a isenção ou não dos fornecimentos destinados às aeronaves da *Cimber Air* afectas a voos internos na Dinamarca, uma vez que esta companhia aérea se dedicava igualmente à realização de voos internacionais. Complementarmente, mostrou-se necessário o Tribunal pronunciar-se sobre os critérios que permitem aferir se uma companhia aérea se dedica "essencialmente" ao tráfego internacional.

Em primeiro lugar, relativamente à possibilidade de isenção desses fornecimentos em relação a uma companhia que se dedique essencialmente ao tráfego internacional, o TJCE considerou, no n.º 28 do acórdão, que "*a isenção prevista no artigo 15.º da Sexta Directiva refere-se, formalmente, tanto nos n.ᵒˢ 7 e 9 como no n.º 6 desse mesmo artigo, aos voos internos das aeronaves utilizadas por companhias cuja actividade seja principalmente internacional*". Assim, as transmissões de bens e as prestações de serviços abrangidas pelas referidas disposições, efectuadas a aeronaves que efectuem voos internos, mas que sejam utilizadas por companhias de navegação aérea que se dediquem essencialmente ao tráfego internacional, estão isentas do IVA.

Em segundo lugar, o TJCE foi chamado a pronunciar-se sobre o que deve entender-se por uma companhia aérea que se dedique essencialmente ao tráfego internacional. Para o efeito, o TJCE afirmou, no n.º 39 do texto decisório, que "*devem ser consideradas companhias que se dediquem essencialmente ao tráfego internacional aquelas cujas actividades não internacionais se revelem sensivelmente menos importantes do que as suas actividades internacionais*". Visto isso, o Tribunal concluiu que os órgãos jurisdicionais nacionais devem apreciar a importância relativa dos voos internos e dos voos internacionais no seio de uma companhia aérea, tomando em conta todos os elementos que dêem uma indicação da importância relativa do tipo de tráfego em causa, nomeadamente os respectivos volumes de negócios.

4) Acórdão de 3 de Março de 2005, processo C-428/02, caso *Fonden Marselisborg*, Colect. p. I-?:

Este acórdão recaiu sobre o enquadramento em IVA da actividade de locação, numa doca portuária, de cabeços para amarração, pranchas flutuantes e pontes flutuantes destinados a embarcações, assim como de lugares em terra para recolha das mesmas. Em traços gerais, o TJCE concluiu que tal locação se encontra expressamente excluída do âmbito da isenção que abrange a locação de bens imóveis, prevista na alínea b) da parte B) do artigo 13.º, por via do disposto no ponto 2 dessa disposição[96]. No entanto, embora o TJCE não se tenha pronunciado sobre o disposto no n.º 8 do artigo 15.º da Sexta Directiva (provavelmente porque o tribunal de reenvio não o solicitou) é de admitir, relativamente às prestações de serviços de atracagem, amarração ou recolha das embarcações referidas no n.º 5 do mesmo artigo, que as mesmas possam beneficiar da isenção prevista naquele n.º 8.

1.3. Transportes internacionais de passageiros

1) **Acórdão de 23 de Maio de 1996, processo C-331/94, Comissão/ /Grécia, Colect. p. I-2675:**

(Sobre este acórdão, em matéria de transporte marítimo, ver a referência *supra*, no n.º 5 do capítulo III).

2) **Acórdão de 13 de Julho de 2000, processo C-36/99, caso *Idéal Tourisme*, Colect. p. I-6049:**

(Sobre este acórdão, em matéria de transporte aéreo, ver a referência *supra*, constante do n.º 5 do capítulo III).

2. AQUISIÇÕES INTRACOMUNITÁRIAS E IMPORTAÇÕES DE BENS

O conceito de *"importação de um bem"*, para efeitos da respectiva sujeição ao IVA, consta do artigo 7.º da Sexta Directiva. Note-se que a partir de 1 de Janeiro de 1993, com a abolição das fronteiras fiscais no

---

[96] Pode ser visto mais detalhadamente o conteúdo desta decisão, *supra*, no n.º 2.2.2. do capítulo II.

espaço comunitário, o conceito abrange apenas os bens originários ou procedentes de países terceiros e que não se encontrem em livre prática, assim como os procedentes de territórios terceiros. Por sua vez, tratando--se de um bem expedido ou transportado a partir de outro Estado membro da União Europeia, está-se perante o conceito de *"aquisição intracomunitária de um bem"*, definido no n.º 3 do artigo 28.º-A da Sexta Directiva.

No n.º 1 do artigo 14.º da Sexta Directiva vêm estabelecidas as isenções aplicáveis na importação. De entre elas sobressai a prevista na sua alínea a) que determina a isenção das *"importações definitivas de bens cuja entrega pelos sujeitos passivos esteja, em qualquer caso, isenta no território do país"*. Para além desta isenção, contam-se no artigo 14.º, em traços gerais, as seguintes: importações definitivas de bens que beneficiam de franquia aduaneira [alínea d)]; reimportação de bens no estado em que haviam sido exportados [alínea e)]; importações de bens efectuadas no quadro das relações internacionais [alínea g)]; importações de pescado não transformado realizadas nos portos por empresas piscatórias [alínea h)]; prestações de serviços cujo valor se inclua no valor das importações de bens [alínea i)]; importações de ouro pelos bancos centrais [alínea j)]; e importações de gás, através do sistema de distribuição de gás natural, e de electricidade [alínea k)][97]. Na parte D do artigo 28.º-C da Sexta Directiva vem também prevista uma isenção na importação de bens, quando estes forem objecto de importação num Estado membro que não seja o de destino final da expedição ou transporte. Esta isenção, no entanto, só opera quando a subsequente expedição ou transporte para o Estado membro de destino se constituir, ela própria, como uma operação intracomunitária isenta ao abrigo da parte A do mesmo artigo 28.º-C.

Quanto às isenções nas operações qualificadas como aquisições intracomunitárias de bens, as mesmas vêm definidas na parte B do artigo

---

[97] Para além das disposições do artigo 14.º da Sexta Directiva, recenseia-se aqui outros actos comunitários que estabelecem isenções do IVA na importação: Directiva 68//297/CEE, do Conselho, de 19 de Junho de 1968, relativa à importação de combustível contido nos reservatórios dos veículos comerciais; Directiva 69/169/CEE, do Conselho, de 28 de Maio de 1969, relativa à importação de bens contidos na bagagem pessoal dos viajantes procedentes de países terceiros; Directiva 78/1035/CEE, do Conselho, de 19 de Dezembro de 1978, relativa à importação de bens objecto de pequenas remessas sem carácter comercial provenientes de países terceiros; e Directiva 83/181/CEE, do Conselho, de 28 de Março de 1983, que determina o âmbito de aplicação da alínea d) do n.º 1 do artigo 14.º da Sexta Directiva.

28.º-C da Sexta Directiva. As operações isentas nos termos desta disposição são as seguintes: aquisições intracomunitárias de bens cuja entrega, se efectuada no interior do território do Estado membro, seria isenta [alínea a)]; aquisições intracomunitárias relativas a bens cuja importação seria isenta nos termos do n.º 1 do artigo 14.º [alínea b)]; aquisições intracomunitárias de bens cujo imposto, se liquidado, fosse susceptível de conferir ao sujeito passivo adquirente o direito ao reembolso previsto na Directiva 79/1072/CEE, do Conselho, de 16 de Dezembro de 1979[98] [alínea c)].

2.1. Importação de amostras gratuitas

Acórdão de 21 de Junho de 1988, processo 257/86, Comissão/ /Itália, Colect. p. 3249:

Tratou-se de um processo relativo a uma acção de incumprimento interposta conta o Estado italiano, em virtude de este não isentar a importação de amostras gratuitas, ao passo que a respectiva legislação interna isentava as transmissões internas de amostras gratuitas[99].

Em traços gerais, o TJCE considerou que, ao proceder dessa forma, a Itália não dava cumprimento ao disposto na alínea a) do n.º 1 do artigo 14.º da Sexta Directiva, assim como, à data, ao artigo 95.º do Tratado CE (actual artigo 90.º).

---

[98] Comummente identificada por "Oitava Directiva", a qual respeita ao reembolso do IVA suportado num Estado membro diferente daquele em que um sujeito passivo disponha da respectiva sede ou de um estabelecimento estável, na condição de, com algumas excepções expressamente previstas, não praticar operações tributáveis nesse outro Estado membro.

[99] Em rigor, a norma que na Sexta Directiva dispensa de tributação a entrega de amostras gratuitas, constante da parte final do n.º 6 do seu artigo 5.º, apresenta-se sob a forma de uma regra de não sujeição e não sob a forma de uma isenção. A isenção na importação de amostras de valor insignificante consta também do artigo 61.º da Directiva 83/181/CEE, do Conselho, de 28 de Março de 1983.

2.2. Aquisição intracomunitária e importação de armamento

Acórdão de 16 de Setembro de 1999, processo C-414/97, Comissão/Espanha, Colect. p. I-5585:

Através de um diploma publicado em 1987, a legislação espanhola passou a prever, com efeito retroactivo a 1 de Janeiro de 1986, a isenção do IVA nas importações, provenientes de outros Estados membros, de material bélico pelas forças armadas espanholas, nomeadamente de armas, munições e outro material de uso militar. A partir de 1 de Janeiro de 1993 essa isenção passou a ser aplicada às aquisições intracomunitárias do referido armamento.

Considerando que a Espanha, no momento da adesão daquele pais, ocorrida a 1 de Janeiro de 1986, não isentava as entregas de armamento, não o podendo passar a fazer em momento posterior, a Comissão interpôs uma acção de incumprimento perante o TJCE. De harmonia com o alegado pela Comissão, a tributação da generalidade das aquisições intracomunitárias e das importações de bens apenas comporta excepção, face à Sexta Directiva, em três situações: no caso das isenções previstas nos artigos 14.º e 28.º-C da Sexta Directiva; no caso previsto no seu n.º 3 do artigo 28.º, permitindo continuar a aplicar temporariamente certas isenções; ou no caso de a isenção se encontrar prevista no acto de adesão.

Sobre a matéria de fundo, o TJCE começou por analisar o argumento espanhol de que a medida se justificava ao abrigo da alínea b) do n.º 1 do actual artigo 296.º do Tratado CE (anterior artigo 223.º), em virtude de se tratar de uma medida necessária à protecção dos interesses essenciais da sua segurança e relacionada com a produção ou o comércio de armas, munições e material de guerra. No entanto, o TJCE não considerou esse argumento válido, dado que a referida norma do Tratado CE, pelo seu carácter excepcional, não poderia ser objecto de interpretação extensiva. O Tribunal salientou que a Espanha não demonstrara que a medida legislativa em causa era necessária para atingir o objectivo de protecção dos interesses essenciais de segurança do Estado, até porque a receita proveniente da cobrança do IVA iria reverter, quase na totalidade, para esse mesmo Estado.

Por outro lado, mencionando o que anteriormente afirmara no seu acórdão de 17 de Outubro de 1991, proferido no processo C-35/90 (Comissão/Espanha, Colect. p. I-5073)[100], o TJCE entendeu, nos n.os 29

---

[100] Pode ser visto apontamento sobre este aresto no n.º 2 do capítulo III, *supra*.

e 30 do texto decisório, que "*o Reino da Espanha, depois de sujeitar as entregas de armas, de munições e de material de uso exclusivamente militar provenientes de outros Estados membros ao regime geral do IVA [...] ficou [...] sem a possibilidade de invocar a faculdade de continuar a isentar aquelas actividades, em conformidade com o artigo 28.º, n.º 3, alínea b), da Sexta Directiva. [...] Deve ainda salientar-se que uma isenção retroactiva, como a prevista pela legislação espanhola, seria contrária à finalidade da disposição comunitária. Com efeito, resulta de uma jurisprudência constante que o artigo 28.º, n.º 3, alínea b), da Sexta Directiva se opõe, textualmente, à introdução de novas isenções (v. acórdãos de 8 de Julho de 1986, Kerrut, 73/85, Colect., p. 2219, n.º 17, e de 27 de Outubro de 1992, Comissão/Alemanha, C-74/91, Colect., p. I-5437, n.º 15).*"

Por sua vez, relativamente ao n.º 3-A do artigo 28.º, entretanto aditado pela Directiva 91/680/CEE, do Conselho, de 16 de Dezembro de 1991, o TJCE considerou que esse aditamento só parcialmente viera sanar o incumprimento por parte da Espanha, uma vez que a nova disposição, ao remeter para os n.ºˢ 23 e 25 do Anexo F, só respeita às aeronaves e aos navios de guerra[101].

2.3. Aquisição intracomunitária de veículos usados[102]

Acórdão de 19 de Setembro de 2002, processo C-101/00, caso *A. Siilin*, Colect. p. I-7487:

Em causa neste processo esteve a tributação em imposto automóvel e em IVA da aquisição na Alemanha de um veículo usado, por parte de

---

[101] O n.º 3-A do artigo 28.º estabelece o seguinte: "*Enquanto não houver uma decisão do Conselho que, em virtude de artigo 3.º da Directiva 89/465/CEE, deva dispor sobre a supressão das derrogações transitórias previstas no n.º 3, a Espanha fica autorizada a isentar as operações previstas no n.º 2 do anexo F, na medida em que digam respeito às prestações de serviços efectuadas pelos autores, bem como às operações a que se referem os pontos 23 e 25 do Anexo F.*"

[102] Sobre o IVA na importação de veículos entre dois Estados membros versa um conjunto de acórdãos que perdeu actualidade, por respeitar a operações intracomunitárias ocorridas antes de 1 de Janeiro de 1993, ou seja, antes da abolição das fronteiras fiscais no interior da União Europeia. Tal é o caso dos seguintes acórdãos: de 9 de Outubro de 1980 (processo 823/79, caso *Carciati*, Recueil p. 2773); de 5 de Maio de 1982 (processo 15/81, caso *Gaston Schul*, Recueil p. 1409); de 21 de Maio de 1985 (processo 47/84, caso

um cidadão finlandês, na qualidade de particular, e que seguidamente o matriculou no seu país. A aquisição do veículo ocorreu no ano de 1998, altura em que o veículo tinha cerca de doze anos e havia percorrido 180 000 quilómetros.

A administração fiscal finlandesa entendeu dever liquidar o imposto automóvel, assim como um montante, a título de IVA, incidente sobre o valor do imposto automóvel devido. Esta liquidação baseou-se no disposto no artigo 5.º da lei finlandesa em matéria de imposto automóvel, o qual *"prevê que o sujeito passivo desse imposto tenha igualmente de liquidar um imposto sobre o valor acrescentado assente no imposto automóvel, cujo montante – que corresponde a uma percentagem do imposto automóvel – é fixado pela lei relativa ao IVA"*[103].

Na parte em que se debruça sobre a importância cobrada a título de IVA (n.ºs 90 e seguintes do texto da decisão), o TJCE começou por afirmar que a qualificação de um imposto como sendo o IVA, na acepção da Sexta Directiva, não depende da designação desse imposto, mas, sim, das características essenciais do mesmo. Conforme foi salientado, o IVA, tal como concebido na Sexta Directiva, é um imposto proporcional ao valor dos bens e dos serviços, incidente em todas as fases do circuito económico, destituído, porém, de efeitos cumulativos por via da dedução ou do reembolso do imposto suportado no estádio anterior, cuja carga fiscal é suportada, em definitivo, pelo consumidor final. Visto isso, entendeu o Tribunal que o imposto cobrado na Finlândia, assente sobre o imposto automóvel, apesar da sua designação, não constitui um imposto como o IVA previsto na Sexta Directiva. Pelas suas características, o referido imposto não contraria o disposto no artigo 33.º da mesma directiva.

Apreciando, no entanto, a conformidade do imposto com o estabelecido no primeiro parágrafo do artigo 95.º do Tratado CE, o Tribunal entendeu que, como o cálculo desse imposto assenta no valor cobrado para efeitos de imposto automóvel, essa conformidade deveria ser apreciada de acordo com os mesmos critérios do imposto automóvel. Desse modo, à semelhança do que concluíra para efeitos do imposto automóvel, o TJCE afirmou que o primeiro parágrafo do artigo 95.º do Tratado CE se

---

Gaston Schul, Recueil p. 1491); de 3 de Outubro de 1985 (processo 249/84, caso *Profant*, Recueil p. 3237); de 23 de Janeiro de 1986 (processo 39/85, caso *Bergeres-Becque*, Colect. p. 259); de 21 de Junho de 1988 (processo 10/87, caso *Tattersalls*, Colect. p. 3281); e de 6 de Julho de 1988 (processo 127/86, caso *Ledoux*, Colect. p. 3741).

[103] Excerto respigado do n.º 11 do texto do acórdão.

opõe à cobrança de um imposto assente no imposto automóvel, na medida em que o montante cobrado ao abrigo desse imposto, sobre um veículo usado importado de outro Estado membro, exceda o montante do imposto residual incorporado no valor de um veículo usado similar já matriculado no território do país.

2.4. Prestações de serviços conexas com a importação

Acórdão de 6 de Julho de 1995, processo C-62/93, caso *Soupergaz*, Colect. p. 1883:

Tratou-se de um processo em que esteve em causa um conjunto de questões prejudiciais, em que se integrou a questão de saber se a legislação grega poderia estabelecer uma isenção, relacionada com a importação de bens, que abrangia, em geral, "*os serviços de transporte e de armazenagem dos produtos petrolíferos*".

Sobre esta matéria, o Tribunal referiu que a isenção prevista na alínea i) do n.º 1 do artigo 14.º da Sexta Directiva respeita apenas às prestações de serviços conexas com a importação e cujo valor conste do valor tributável desta. Segundo o TJCE, incluem-se no valor tributável da importação de bens as despesas de transporte verificadas até ao primeiro local de destino constante da respectiva guia de remessa e, eventualmente, até um outro local de destino, se este último for conhecido.

Nessa medida, considerou o TJCE que uma isenção geral de IVA relativa a todas as prestações de serviços de transporte e armazenagem de produtos petrolíferos ultrapassava o âmbito da isenção prevista no artigo 14.º da Sexta Directiva, não estando igualmente em conformidade com qualquer outra disposição da Sexta Directiva em matéria de isenção.

CAPÍTULO V

TRANSPOSIÇÃO PARA A LEGISLAÇÃO INTERNA DAS ISENÇÕES PREVISTAS NA SEXTA DIRECTIVA

1. CONDIÇÕES PREVISTAS NO TRATADO DE ADESÃO DE PORTUGAL

O "Acto Relativo às Condições de Adesão do Reino da Espanha e da República Portuguesa e as Adaptações dos Tratados", em anexo ao Tratado de Adesão destes dois países[104], contém normas especiais respeitantes à aplicação do sistema comunitário do IVA nesses Estados membros.
O artigo 395.º do referido Acto estabeleceu que os dois Estados ficariam obrigados, a partir da data da adesão, a tomar as medidas internas necessárias ao cumprimento da legislação comunitária em vigor. No entanto, excepcionava-se aquela legislação para que fosse especificamente estabelecido um prazo diferente, nomeadamente a legislação indicada no seu Anexo XXXVI.
Em relação a Portugal, no que respeitou à implementação das várias directivas do IVA[105], foi concedido um período transitório de três anos, a contar da data da adesão. Esta dilação veio prevista no capítulo II do Anexo XXXVI, implicando que Portugal só tenha ficado obrigado a implementar o IVA, e a fazê-lo de acordo com o direito comunitário, a partir de 1 de Janeiro de 1989.

---

[104] Tratado assinado a 12 de Junho de 1985, entrado em vigor a 1 de Janeiro de 1986 (JO 1985, L 302).
[105] Entre outras, a Directiva 67/227/CEE, do Conselho, de 11 de Abril de 1967 ("Primeira Directiva"), que estabelece a obrigatoriedade de os Estados membros adoptarem um imposto geral sobre o consumo plurifásico e não cumulativo, como é o IVA, a Segunda Directiva, relativa ao primeiro sistema comum deste imposto, e a Sexta Directiva, relativa ao actual sistema comum do IVA.

Por sua vez, no n.º 1 do artigo 378.º do mencionado Acto, definia-se que as disposições comunitárias indicadas no seu Anexo XXXII se mostravam aplicáveis aos dois novos Estados membros, nas condições fixadas nesse mesmo anexo. O Anexo XXXII, no n.º 3 do seu capítulo IV, fazia referência às disposições atinentes à Sexta Directiva do IVA.

Reportando-se a isenções que, para além das previstas no artigo 13.º da Sexta Directiva, poderiam ser adoptadas por Portugal a partir do momento em que estivesse adstrito ao cumprimento do sistema comum do IVA, a alínea b) do n.º 3 do capítulo IV do Anexo XXXII estabeleceu o seguinte:

"Para aplicação das disposições do n.º 3, alínea b), do artigo 28.º, a República Portuguesa é autorizada a isentar as operações indicadas nos pontos 2, 3, 6, 9, 10, 16, 17, 18, 26 e 27 do anexo F."

Ficou, assim, autorizada a adopção pelo Estado português, a partir de 1 de Janeiro de 1989, de um conjunto de isenções listadas no Anexo F da Sexta Directiva, em aplicação do disposto na alínea b) do n.º 3 do seu artigo 28.º. Nessa altura, a possibilidade de isenção abrangeu, entre outras, as prestações de serviços efectuadas por certos profissionais liberais, autores, artistas, empresas funerárias, veterinários, estabelecimentos hospitalares privados, agências de viagens, bem como serviços agrícolas, transporte de pessoas e transmissões de bens imóveis[106].

Por outro lado, a alínea c) do n.º 3 do capítulo IV do Anexo XXXII elencava um conjunto de bens alimentares e de alguns factores de produção agrícola a que Portugal pôde aplicar uma isenção com direito à dedução do imposto suportado a montante[107].

Finalmente, nos termos do segundo travessão da alínea a) do n.º 3 do capítulo IV do referido anexo, tendo por base o n.º 2 do artigo 24.º

---

[106] Boa parte destas isenções já não vigoram na ordem interna, estando prejudicada a possibilidade de as repor em vigor, uma vez que a disposição contida na alínea b) do n.º 3 do artigo 28.º da Sexta Directiva o impede.

[107] A sujeição à taxa zero de transmissões de bens e prestações de serviços de carácter interno foi abolida em Portugal na sequência da publicação da Lei nº 2/92, de 9 de Março (Orçamento do Estado para 1992), estando prejudicada qualquer possibilidade de a repor em vigor, em face do disposto na alínea a) do n.º 2 do artigo 28.º da Sexta Directiva.

Capítulo V – Transposição para a Legislação Interna das Isenções previstas... 151

da Sexta Directiva, o Estado português ficou ainda autorizado a adoptar um regime especial de isenção para empresas de reduzida dimensão, o qual se encontra previsto no artigo 53.º do Código do IVA.

2. TABELAS DE CORRESPONDÊNCIA ENTRE AS ISENÇÕES DEFINIDAS NA SEXTA DIRECTIVA E AS PREVISTAS NA LEGISLAÇÃO INTERNA PORTUGUESA[108]

2.1. Isenções nas operações internas

Sexta Directiva	Actividades ou operações isentas	Código do IVA
13.º, A), 1, a)	Serviços postais	9.º, 24
13.º, A), 1, b)	Estabelecimentos hospitalares	9.º, 2
13.º, A), 1, c)	Médicos e paramédicos	9.º, 1, b)
13.º, A), 1, d)	Órgãos, leite e sangue humanos	9.º, 5
13.º, A), 1, e)	Dentistas e protésicos	9.º, 1, b), e 3
13.º, A), 1, f)	Agrupamentos autónomos de pessoas	9.º, 23 e 23-A
13.º, A), 1, g)	Assistência e segurança sociais	9.º, 7 e 8
13.º, A), 1, h)	Protecção da infância e juventude	9.º, 8
13.º, A), 1, i)	Educação, ensino e formação profissional	9.º, 10, 11 e 15
13.º, A), 1, j)	Docência a título pessoal	9.º, 12
13.º, A), 1, k)	Cedência de pessoal afecto a instituições de apoio	9.º, 20
13.º, A), 1, l)	Actividades políticas, sindicais, religiosas, cívicas, etc.	9.º, 21
13.º, A), 1, m)	Desporto e educação física	9.º, 9

---

[108] A sucinta descrição das actividades, operações ou entidades que beneficiam de isenção, a que seguidamente se procede, não pode dispensar, de modo nenhum, a consulta dos próprios textos legislativos.

Sexta Directiva	Actividades ou operações isentas	Código do IVA
13.º, A), 1, n)	Serviços culturais	9.º, 9, 13, 14, 15 e 38
13.º, A), 1, o)	Angariação de fundos	9.º, 22; e Desp. Norm. 36/86, de 12/05
13.º, A), 1, p)	Transporte de doentes	9.º, 6
13.º, A), 1, q)	Radiotelevisão	9.º, 41
13.º, A), 2, a)	Conceito de "organismo sem finalidade lucrativa"	10.º
13.º, B), a)	Seguros	9.º, 29
13.º, B), b)	Locação de imóveis	9.º, 30
13.º, B), c)	Bens sem direito a dedução	9º, 33
13.º, B), d)	Operações financeiras	9.º, 28
13.º, B), e)	Selos fiscais ou de correio	9.º, 25
13.º, B), f)	Jogos de fortuna ou azar	9.º, 32
13.º, B), g)	Transmissões de imóveis edificados	9.º, 31
13.º, B), h)	Transmissões de terrenos	9.º, 31
25.º	Actividades agrícolas	9.º, 36[109]
28.º, 3, b), e Anexo F - 2	Autores, artistas e intérpretes	9.º, 16, 17 e 18
28.º, 3, b), e Anexo F - 6	Serviços funerários e de cremação	9.º, 27
28.º, 3, b), e Anexo F - 10	Outros estabelecimentos hospitalares	9.º, 2
28.º, 3, b), e Anexo F - 16	Transmissões de imóveis novos	9.º, 31

---

[109] Não deixa de ser equacionável se o regime decorrente do n.º 36 do artigo 9.º do CIVA tem correspondência com o previsto no artigo 25.º da Sexta Directiva. No entanto, em abono da tese da total correspondência perfilam-se os seguintes argumentos: a) As operações, e os bens e serviços a que estas respeitam, susceptíveis de ser abrangidas pela

2.2. Isenções na importação de bens

Sexta Directiva	Importações isentas	Código do IVA
14.º, 1, a)	Bens cuja transmissão seja isenta	13.º, 1, a) a d)[110]
14.º, 1, d)	Bens com franquia aduaneira	D.L. 31/89, de 25/01[111]
14.º, 1, e)	Reimportação de bens	13.º, 1, g)
14.º, 1, g), 1.º trav.	Relações diplomáticas e consulares	13.º, 2, b)
14.º, 1, g), 2.º trav.	Organismos internacionais	13.º, 2, a) e c)
14.º, 1, g), 3.º trav.	Forças armadas de Estados membros da NATO	13.º, 2, d)
14.º, 1, h)	Produtos da pesca	13.º, 1, e)

isenção, correspondem às constantes dos quarto e quinto travessões do n.º 2 do artigo 25.º da Sexta Directiva, bem como dos respectivos Anexos A e B; b) A circunstância de os agricultores isentos não entregarem qualquer importância a título de IVA nos cofres do Estado está em conformidade com o regime "forfetário" consignado na Sexta Directiva; c) A possibilidade de os agricultores não obterem qualquer compensação "forfetária" relativamente ao IVA suportado nas respectivas aquisições tem sustentáculo no quarto período do primeiro parágrafo do n.º 3 do artigo 25.º, dado aí estabelecer-se a possibilidade de os Estados membros reduzirem as percentagens compensatórias até ao nível zero; d) A exclusão do direito à dedução do IVA suportado a montante, por parte dos agricultores isentos, tem correspondência no disposto no segundo período do n.º 5 do artigo 25.º; e) À semelhança do estabelecido no n.º 10 do mesmo artigo 25.º, o CIVA, na alínea c) do n.º 1 do seu artigo 12.º, consagra a possibilidade de os agricultores renunciarem ao regime, optando pela tributação das respectivas operações.

[110] As isenções na importação a que se referem as alíneas b), c) e d) do n.º 1 do artigo 13.º do CIVA, relativas a determinadas embarcações e aeronaves e respectivos bens de abastecimento, não se encontram especificamente detalhadas no artigo 14.º da Sexta Directiva. Afiguram-se, no entanto, constituir também uma decorrência da isenção prevista na alínea a) do n.º 1 do artigo 14.º da Sexta Directiva, atento o disposto nos n.ºs 4 a 6 do seu artigo 15.º.

[111] Para além do Decreto-Lei n.º 31/89, de 25 de Janeiro, encontram-se previstas isenções de IVA na importação em outra legislação complementar, nomeadamente no Decreto-Lei n.º 398/86, de 26 de Dezembro, relativo à importação de pequenas remessas entre particulares de mercadorias sem carácter comercial, e no Decreto-Lei n.º 179/88, de 19 de Maio, relativo à importação de bens contidos na bagagem pessoal de viajantes.

Sexta Directiva	Actividades ou operações isentas	Código do IVA
14.º, 1, i)	Serviços incluídos no valor dos bens importados	13.º, 1, f)
14.º, 1, j)	Ouro importado pelos bancos centrais	13.º, 1, h)
14.º, 1, k)	Gás natural e electricidade	13.º, 1, i)
28.º-C, D	Importações de bens que precedam transmissões intracomunitárias isentas	16.º do RITI[112]

2.3. Isenções na exportação, operações equiparadas a exportação e transportes internacionais

Sexta Directiva	Exportações e outras operações isentas	Código do IVA
15.º, 1	Exportações em geral	14.º, 1, a)
15.º, 2, 1.º parág.	Exportações pelos adquirentes	14.º, 1, b)
15.º, 2, 2.º parág.	Bagagem pessoal de viajantes residentes em países terceiros	D.L. 295/87, de 31/07
15.º, 3	Serviços sobre bens adquiridos ou importados e destinados a reexportação	14.º, 1, c)
15.º, 4, 5 e 8	Embarcações, seu equipamento e bens de abastecimento	14.º, 1, d), e), f), i) e j), 2, 3 e 5
15.º, 6, 7 e 9	Aeronaves, seu equipamento e bens de abastecimento	14.º, g), h) e j), 2 e 3
15.º, 10, 1.º trav.	Relações diplomáticas e consulares	14.º, 1, l)
15.º, 10, 2.º trav.	Organizações internacionais	14.º, 1, m)
15.º, 10, 3.º e 4.º trav.	Forças Armadas de Estados membros da NATO	14.º, 1, n) e v)
15.º, 11	Ouro adquirido pelos bancos centrais	14.º, 1, u)

---

[112] Regime do IVA nas Transacções Intracomunitárias, aprovado pelo Decreto-Lei n.º 290/92, de 28 de Dezembro.

Sexta Directiva	Exportações e outras operações isentas	Código do IVA
15.º, 12	Organismos filantrópicos, caritativos ou pedagógicos	14.º, 1, o)
15.º, 13	Serviços relacionados com a exportação de bens	14.º, 1, p)
15.º, 14	Intermediações em operações de exportação	14.º, 1, s)
15.º, 15	Transportes entre o continente e as regiões autónomas portuguesas ou entre estas	14.º, 1, r) e t), e 4
28.º, 3, b), e Anexo F - 17	Transporte de passageiros	14.º, 1, r)

2.4. Isenções nas operações intracomunitárias

Sexta Directiva	Operações intracomunitárias isentas	RITI
28.º-C, A, a)	Transmissões de bens para sujeitos passivos	14.º, a)
28.º-C, A, b)	Meios de transporte novos	14.º, b)
28.º-C, A, c)	Bens sujeitos a impostos especiais de consumo	14.º, d)
28.º-C, A, d)	Transferências de bens no âmbito da actividade da empresa	14.º, c)
28.º-C, B, a)	Aquisições de bens cuja transmissão seria isenta	15.º, 1, a)
28.º-C, B, b)	Aquisições de bens cuja importação seria isenta	15.º, 1, b)
28.º-C, B, c)	Aquisições de bens por empresas estrangeiras que dariam lugar ao reembolso	15.º, 1, c)
28.º-C, C	Transporte de bens a partir ou com destino às regiões autónomas portuguesas	14.º, 1, t), do CIVA

2.5. Isenções especiais relacionadas com o tráfego internacional de mercadorias

Sexta Directiva[113]	Locais, regimes e operações com isenção	CIVA
16.º, 1, A	Importações de bens para entrepostos não aduaneiros	15.º, 1, a)
16.º, 1, B	Transmissões de bens para depósitos temporários, zonas francas, entrepostos, etc.,	15.º, 1, b), e 2 a 5
16.º, 1, C	Serviços conexos com as transmissões acima referidas	15.º, 1, c)
16.º, 1, D	Operações realizadas em depósitos temporários, zonas francas, entrepostos, etc.	15.º, 1, d)
16.º, 1, E	Transmissões de bens e serviços conexos em regimes de importação temporária ou de trânsito interno ou externo	15.º, 1, e)
16.º, 1A	Aquisições intracomunitárias de bens para depósitos temporários, zonas francas, entrepostos, etc.	15.º, 7
16.º, 2	Operações que precedem as transmissões de bens para outro país	D.L. 198/90, de 19/06

---

[113] As menções ao artigo 16.º da Sexta Directiva reportam-se à actual redacção que consta da parte E do seu artigo 28.º-C.

LISTA CRONOLÓGICA
DOS ACÓRDÃOS MENCIONADOS

Acórdão de 5 de Dezembro de 1967, processo 19/67, caso *Van der Vecht*, Recueil p. 683

Acórdão de 12 de Julho de 1979, processo 9/79, caso *Koschniske*, Recueil p. 2717

Acórdão de 9 de Outubro de 1980, processo 823/79, caso *Carciati*, Recueil p. 2773

Acórdão de 19 de Janeiro de 1982, processo 8/81, caso *Becker*, Recueil p. 53

Acórdão de 5 de Maio de 1982, processo 15/81, caso *Gaston Schul*, Recueil p. 1409

Acórdão de 10 de Junho de 1982, processo 255/81, caso *Grendel*, Recueil p. 2301

Acórdão de 18 de Janeiro de 1984, processo 327/82, caso *Ekro*, Recueil p. 107

Acórdão de 22 de Fevereiro de 1984, processo 70/83, caso *Kloppenburg*, Recueil, p. 1075

Acórdão de 21 de Maio de 1985, processo 47/84, caso *Gaston Schul*, Recueil p. 1491

Acórdão de 4 de Julho de 1985, processo 168/84, caso *Berkholz*, ECR p. 2251

Acórdão de 11 de Julho de 1985, processo 107/84, Comissão/Alemanha, Recueil p. 2655

Acórdão de 3 de Outubro de 1985, processo 249/84, caso *Profant*, Recueil p. 3237

Acórdão de 23 de Janeiro de 1986, processo 39/85, caso *Bergeres-Becque*, Colect. p. 259

Acórdão de 8 de Julho de 1986, processo 73/85, caso *Kerrut*, Colect. p. 2219

Acórdão de 25 de Novembro de 1986, processos 201/85 e 2002/85, caso *Klensch*, Colect. p. 3477

Acórdão de 26 de Março de 1987, processo 235/85, Comissão/Países
  Baixos, Colect. p. 1485
Acórdão de 23 de Fevereiro de 1988, processo 353/85, Comissão/Reino
  Unido, Colect. p. 817
Acórdão de 24 de Maio de 1988, processo 122/87, Comissão/Itália, Colect.
  p. 2685
Acórdão de 21 de Junho de 1988, processo 415/85, Comissão/Irlanda,
  Colect. p. 3097
Acórdão de 21 de Junho de 1988, processo 416/85, Comissão/Reino
  Unido, Colect. p. 3127
Acórdão de 21 de Junho de 1988, processo 257/86, Comissão/Itália, Colect.
  p. 3249
Acórdão de 21 de Junho de 1988, processo 10/87, caso *Tattersalls*, Colect.
  p. 3281
Acórdão de 6 de Julho de 1988, processo 127/86, caso *Ledoux*, Colect.
  p. 3741
Acórdão de 14 de Julho de 1988, processo 207/87, caso *Weissgerber*,
  Colect. p. 4433
Acórdão de 21 de Setembro de 1988, processo 50/87, Comissão/França,
  Colect. p. 4797
Acórdão de 21 de Fevereiro de 1989, processo 203/87, Comissão/Itália,
  Colect. p. 371
Acórdão de 15 de Junho de 1989, processo, 348/87, caso *SUFA*, Colect.
  p. 1737
Acórdão de 13 de Julho de 1989, processo 173/88, caso *Morten Henriksen*,
  Colect. p. 2763
Acórdão de 27 de Março de 1990, processo C-372/88, caso *Cricket St
  Thomas*, Colect. p. I-1345
Acórdão de 26 de Junho de 1990, processo C-185/89, caso *Velker*, Colect.
  p. I-2561
Acórdão de 20 de Junho de 1991, processo C-60/90, caso *Polysar*, Colect.
  p. I-3111
Acórdão de 17 de Outubro de 1991, processo C-35/90, Comissão/Espanha,
  Colect. p. I-5073
Acórdão de 27 de Outubro de 1992, processo C-74/91, Comissão/
  /Alemanha, Colect. p. I-5437
Acórdão de 22 de Junho de 1993, processo C-333/91, caso *Sofitam*, Colect.
  p. I-3513
Acórdão de 2 de Agosto de 1993, processo C-111/92, caso *Lange*, Colect.
  p. I-4677

Lista Cronológica dos Acórdãos Mencionados 159

Acórdão de 20 de Outubro de 1993, processo C-10/92, caso *Balocchi*, Colect. p I-5105
Acórdão de 27 de Outubro de 1993, processo C-281/91, caso *Muys'en*, Colect. p. I-5405
Acórdão de 15 de Dezembro de 1993, processo C-63/92, caso *Lubbock Fine*, Colect. p. I-6665
Acórdão de 6 de Abril de 1995, processo C-4/94, caso *BLP Group*, Colect. p. I-983
Acórdão de 6 de Julho de 1995, processo C-62/93, caso *BP Soupergaz*, Colect. p. I-1883
Acórdão de 11 de Agosto de 1995, processo C-453/93, caso *Bulthuis-Griffioen*, Colect. p. I-2341
Acórdão de 28 de Março de 1996, processo C-468/93, caso *Gemeente Emmen*, Colect. p. I-1721
Acórdão de 2 de Maio de 1996, processo C-231/94, caso Faaborg-Gelting Linien, Colect. p. I-2395
Acórdão de 23 de Maio de 1996, processo C-331/94, Comissão/Grécia, Colect. p. I-2675
Acórdão de 20 de Junho de 1996, processo C-155/94, caso *Wellcome Trust*, Colect. p. I-3013
Acórdão de 11 de Julho de 1996, processo C-306/94, caso *Régie Dauphinoise*, Colect. p. I-3695
Acórdão de 6 de Fevereiro de 1997, processo C-80/95, caso *Harnas & Helm*, Colect. p. I-745
Acórdão de 6 de Fevereiro de 1997, processo C-247/95, caso *Welden*, Colect. p. I-779
Acórdão de 5 de Junho de 1997, processo C-2/95, caso *SDC*, Colect. p. I-3017
Acórdão de 25 de Junho de 1997, processo C-45/95, Comissão/Itália, Colect. p. I-3605
Acórdão de 3 de Julho de 1997, processo C-60/96, caso Comissão/França, Colect. p. I-3827
Acórdão de 17 de Julho de 1997, processo C-215/95, caso *Ferriere Nord/ Comissão*, Colect. p. I-4411
Acórdão de 12 de Fevereiro de 1998, processo C-346/95, caso *Elisabeth Blasi*, Colect. p. I-481
Acórdão de 2 de Abril de 1998, processo C-296/95, caso *EMU Tabac*, Colect. p. I-1605
Acórdão de 7 de Maio de 1998, processo C-124/96, Comissão/Espanha, Colect. p. I-2501

Acórdão de 11 de Junho de 1998, processo C-283/95, caso *Fischer*, Colect. p. I-3369
Acórdão de 17 de Junho de 1998, processo C-321/96, caso *Mecklenburg*, Colect. p. I-3809
Acórdão de 14 de Julho de 1998, processo C-172/96, caso *Bank of Chicago*, Colect. p. I-4387
Acórdão de 22 de Outubro de 1998, processos C-308/96 e C-94/97, casos *Madgett* e *Baldwin*, Colect. p. I-6229
Acórdão de 12 de Novembro de 1998, processo C-149/97, caso *Institute of Motor Industry*, Colect. p. I-7053
Acórdão de 3 de Dezembro de 1998, processo C-381/97, caso *Belgocodex*, Colect. p. I-8153
Acórdão de 25 de Fevereiro de 1999, processo C-349/96, caso *Card Protection Plan*, Colect. p. I-973
Acórdão de 29 de Abril de 1999, processo C-136/97, caso *Norbury*, Colect. p. I-2491
Acórdão de 7 de Setembro de 1999, processo C-216/97, caso *Gregg*, Colect. p. I-4947
Acórdão de 16 de Setembro de 1999, processo C-414/97, Comissão/ /Espanha, Colect. p. I-5585
Acórdão de 3 de Fevereiro de 2000, processo C-12/98, caso *Amengual Far*, Colect. p. I-527
Acórdão de 9 de Março de 2000, processo C-437/97, caso *EKW e Wein & Co.*, Colect. p. I-1157
Acórdão de 8 de Junho de 2000, processo C-396/98, caso *Schoßstraße*, Colect. p. I-4279
Acórdão de 8 de Junho de 2000, processo C-400/98, caso *Breitsohl*, Colect. p. I-4321
Acórdão de 13 de Julho de 2000, processo C-36/99, caso *Idéal Tourisme*, Colect. p. I-6049
Acórdão de 12 de Setembro de 2000, processo C-358/97, Comissão/ /Irlanda, Colect. p. I-6301
Acórdão de 12 de Setembro de 2000, processo C-359/97, caso Comissão/ /Reino Unido, Colect. p. I-6355
Acórdão de 14 de Setembro de 2000, processo C-384/98, caso *D.*, Colect. p. I-6795
Acórdão de 14 de Dezembro 2000, processo C-446/98, caso *Câmara Municipal do Porto*, p. I-11435
Acórdão de 11 de Janeiro de 2001, processo C-76/99, Comissão/França, Colect. p. I-249

Acórdão de 18 de Janeiro de 2001, processo C-83/99, Comissão/Espanha, Colect. p. I-445

Acórdão de 18 de Janeiro de 2001, processo C-150/99, caso *Lindöpark*, Colect. p. I-493

Acórdão de 8 de Março de 2001, processo C-415/98, caso *Baksi*, Colect. p. I-1831

Acórdão de 8 de Março de 2001, processo C-240/99, caso *Skandia*, Colect. p. I-1951

Acórdão de 15 de Maio de 2001, processo C-34/99, caso *Primback*, Colect. p. I-3833

Acórdão de 4 de Outubro de 2001, processo C-326/99, caso *Goed Wonen*, Colect. p. I-6831

Acórdão de 9 de Outubro de 2001, processo C-409/98, caso *Mirror Group*, Colect. p. I-7175

Acórdão de 9 de Outubro de 2001, processo C-108/99, caso *Cantor Fitzgerald*, Colect. p. I-7257

Acórdão de 13 de Dezembro de 2001, processo C-235/00, caso *CSC*, Colect. p. I-10237

Acórdão de 7 de Março de 2002, processo C-169/00, Comissão/Finlândia, Colect. p. I-2433

Acórdão de 21 de Março de 2002, processo C-174/00, caso *Kennemer Golf*, Colect. p. I-3293

Acórdão de 21 de Março de 2002, processo C-267/00, caso *Zoological Society*, Colect. p. I-3353

Acórdão de 20 de Junho de 2002, processo C-287/00, Comissão/Alemanha, Colect. p. I-5811

Acórdão de 10 de Setembro de 2002, processo C-141/00, caso *Kügler*, Colect. p. I-6833

Acórdão de 19 de Setembro de 2002, processo C-101/00, caso *A. Sillin*, Colect. p. I-7487

Acórdão 16 de Janeiro de 2003, processo C-315/00, caso *Maierhofer*, Colect. p. I-563

Acórdão de 3 de Abril de 2003, processo C-144/00, caso *Mathias Hoffmann*, Colect. p. I-2921

Acórdão de 8 de Maio de 2003, processo C-269/00, caso *Seeling*, Colect. p. I-4101

Acórdão de 12 de Junho de 2003, processo C-275/01, caso *Sinclair Collis*, Colect. p. I-5965

Acórdão de 26 de Junho de 2003, processo C-305/01, caso *MKG*, Colect. p. I-6729

Acórdão de 6 de Novembro de 2003, processo C-45/01, caso *Dornier-Stiftung*, Colect. p. I-12911

Acórdão de 20 de Novembro de 2003, processo C-8/01, caso *Taksatorringen*, Colect. p. I-13711

Acórdão de 20 de Novembro de 2003, processo C-212/01, caso *Unterpertinger*, Colect. p. I-13859

Acórdão de 20 de Novembro de 2003, processo C-307/01, caso *d'Ambrumenil*, Colect. p. I-13989

Acórdão de 29 de Abril de 2004, processo C-77/01, caso *EDM*, Colect. p. I-4295

Acórdão de 29 de Abril de 2004, processo C-308/01, caso *GIL Insurance*, Colect. p. I-4777

Acórdão de 29 de Abril de 2004, processo C-371/02, caso *Björnekulla*, Colect. p. I-5791

Acórdão de 29 de Abril de 2004, processos C-487/01 e C-7/02, casos *Gemeente e Holin Group*, Colect. p. I-5337

Acórdão de 9 de Setembro de 2004, processo C-269/03, caso *Kirchberg*, Colect. p. I-8067

Acórdão de 16 de Setembro de 2004, processo C-382/02, caso *Cimber Air*, Colect. p. I-8379

Acórdão de 18 de Novembro de 2004, processo C-284/03, caso *Temco Europe*, Colect. p. I-11237

Acórdão de 17 de Fevereiro de 2005, processos C-453/02 e C-462/02, casos *Linneweber e Akritidis*, Colect. p. I-?

Acórdão de 22 de Fevereiro de 2005, processo C-498/03, caso *Kingcrest*, Colect. p. I-?

Acórdão de 3 de Março de 2005, processo C-428/02, caso *Fonden Marselisborg*, Colect. p. I-?

Acórdão de 3 de Março de 2005, processo C-472/03, caso *ACMC*, Colect. p. I-?

Acórdão de 26 de Maio de 2005, processo C-498/03, caso *Kingcrest*, Colect. p. I-?

Acórdão de 1 de Dezembro de 2005, processos C-394/04 e C-395/04, casos *Athinon-Ygeia*, Colect. p. I-?

Acórdão de 8 de Dezembro de 2005, processo C-280/04, caso *Jyske Finans*, Colect. p. I-?